Moda: uma filosofia

Lars Svendsen

Moda: uma filosofia

Tradução:
Maria Luiza X. de A. Borges

6ª reimpressão

Copyright © 2004 by Universitetsforlaget

Esta obra foi originalmente publicada em 2004 por Universitetsforlaget, de Oslo, Noruega

Esta tradução foi publicada com apoio financeiro de NORLA

Grafia atualizada segundo o Acordo Ortográfico da Língua Portuguesa de 1990, que entrou em vigor no Brasil em 2009.

Título original
Mote: Et Filosofisk Essay

Capa
Bruna Benvegnù

Imagem da capa
© Annmei/Dreamstime.com

Projeto gráfico
Carolina Falcão

Preparação
Ana Julia Cury

Revisão
Claudia Ajuz
Eduardo Farias

CIP-Brasil. Catalogação na fonte
Sindicato Nacional dos Editores de Livros, RJ

S974m
Svendsen, Lars, 1970-
Moda: uma filosofia / Lars Svendsen; tradução: Maria Luiza X. de A. Borges. – 1ª ed – Rio de Janeiro: Zahar, 2010.

Tradução de: Mote: Et Filosofisk Essay.
Apêndice
Inclui índice
ISBN 978-85-378-0262-5

1. Moda – Filosofia. I. Título.

CDD: 391
10-2265
CDU: 391

[2021]
Todos os direitos desta edição reservados à
EDITORA SCHWARCZ S.A.
Praça Floriano, 19, sala 3001 – Cinelândia
20031-050 – Rio de Janeiro – RJ
Telefone: (21) 3993-7510
www.companhiadasletras.com.br
www.blogdacompanhia.com.br
facebook.com/editorazahar
instagram.com/editorazahar
twitter.com/editorazahar

Sumário

Prefácio   7

1. Introdução: Uma filosofia da moda?   9

2. O princípio da moda – o novo   22

3. As origens e a difusão da moda   39

4. Moda e linguagem   70

5. A moda e o corpo   84

6. Moda e arte   102

7. Moda e consumo   127

8. A moda como um ideal na vida   158

9. Conclusão   179

Apêndice: Crítica de moda   183
Notas   197
Índice onomástico   221

Prefácio

A moda tem sido um dos fenômenos mais influentes na civilização ocidental desde o Renascimento. Abrange um número crescente de áreas de atividade do homem moderno e passou a nos parecer quase "natural". Uma compreensão da moda deveria contribuir, portanto, para uma compreensão de nós mesmos e de nossa maneira de agir. Apesar disso, ela foi praticamente ignorada pelos filósofos, talvez porque se pensasse que esse, o mais superficial de todos os fenômenos, dificilmente poderia ser um objeto de estudo digno para uma disciplina tão "profunda". Mas se a filosofia deve contribuir para nossa autocompreensão, e se a moda realmente foi – e é – tão influente quanto afirmo, ela deveria ser levada a sério como objeto de investigação.

Este livro teve um parto longo, mas não difícil, e muita coisa mudou *en route*. Inúmeras abordagens foram tentadas e depois abandonadas porque se provaram becos sem saída. E a obra final não é a que eu havia planejado originalmente. Entre outras coisas, cabe destacar, ela se tornou mais crítica do que eu pretendera de início, porque o assunto me obrigou a adotar uma perspectiva cada vez mais analítica. Comecei a pensar em escrever algo sobre moda cinco anos atrás, quando publiquei *Filosofia do tédio*. Ali, só houve espaço para tocar brevemente no assunto. No ano seguinte lancei *Art*, cujo foco principal foi a estetização de nosso mundo – e a moda é naturalmente um fenômeno importante nesse contexto. Essas duas obras me pareceram ter deixado sem solução vários problemas que deveriam ser reunidos num volume sobre moda. Nos anos seguintes, dei várias palestras sobre o tema, mas o livro que queria escrever continuou sendo posto de lado em favor de outras tarefas. Agora ele finalmente foi escrito.

Meus agradecimentos a Ellen-Marie Forsberg, Anne Granberg, Helge Jordheim, Ingrid Sande Larsen, Thomas Sevenius Nilsen, Erik Thorstensen, Ingrid Ugelvik e Knut Olav Åmås por seus comentários sobre o texto. Todos os casos de negligência, imprecisão e erros remanescentes são, é claro, de minha inteira responsabilidade.

1. Introdução: Uma filosofia da moda?

> Tudo quanto existe, tudo que representa Espírito para Espírito, é propriamente uma Roupa, um Traje ou Vestimenta, vestida para uma estação, e a ser posta de lado. Assim, nesse importante assunto das ROUPAS, devidamente compreendido, inclui-se tudo que o homem pensou, sonhou, fez e foi: todo o Universo exterior e o que ele contém nada é senão Vestimenta; e a essência de toda Ciência reside na FILOSOFIA DAS ROUPAS.
>
> THOMAS CARLYLE[1]

> — Que significam esses óculos?, pergunta ela.
> — A Reef diz que está na moda parecer um intelectual nesta estação.
>
> BRET EASTON ELLIS[2]

NO SÉCULO XV, A MODA JÁ ERA CONSIDERADA tão importante na França que pediram a Carlos VII que criasse um ministério só para ela.[3] Poucos defenderiam uma instituição como essa hoje em dia, mas a importância do assunto certamente não diminuiu. Desde o século XVIII ela tem se democratizado cada vez mais, no sentido de não ser mais o terreno exclusivo de um grupinho de pessoas influentes. Dificilmente algum ocidental de nossos dias se situa fora do seu domínio. As prateleiras das bancas de jornal estão repletas de revistas de moda, impressas em cores luminosas sobre papel lustroso, e artigos sobre o tema enchem inúmeras páginas de jornais e de periódicos dedicados a estilo de vida. Os principais eventos da área, em Paris, Milão, Nova York e Londres, são cobertos até em noticiários de TV transmitidos em rede nacional. A moda é claramente vista como importante o suficiente para justificar esse generoso grau de atenção – ou talvez, ao contrário, seja toda essa atenção que a torne importante. Ela é dirigida a ambos os sexos, e ao que parece abandonamos a ideia, antes muito difundida, de que só as mulheres têm obsessão pelo assunto. Cada vez mais, jovens e velhos são atraídos para sua órbita. E se, em vez de limitarmos nosso olhar à esfera das roupas, considerarmos que esse fenômeno invade os limites de todas as outras áreas do consumo e pensarmos que sua lógica também penetra a arte, a política e a ciência, fica claro que estamos falando sobre algo que reside praticamente no centro do mundo moderno.

A moda afeta a atitude da maioria das pessoas em relação a si mesmas e aos outros. Muitas delas negariam isso, mas essa negativa é normalmente desmentida por seus próprios hábitos de consumo. Como tal, a moda é um fenômeno que deveria ser central em nossas tentativas de compreender a nós mesmos em nossa situação histórica. Sua emergência como um fenômeno histórico tem uma característica essencial em comum com o modernismo: o rompimento com a tradição e um incessante esforço para alcançar "o novo". A moda, como escreveu Walter Benjamin, é "a eterna recorrência do *novo*".[4] Eu diria até que é necessário compreendê-la para chegar a um entendimento adequado do mundo moderno, ainda que isso não signifique em absoluto afirmar que ela é a "chave universal", capaz por si só de proporcionar tal entendimento.

Ao mesmo tempo, a moda parece ser uma das coisas menos importantes que poderíamos imaginar. Em muitos contextos, qualificar alguma coisa como "da moda", por exemplo na expressão "filosofia da moda", é o mesmo que rejeitá-la como algo sem substância e seriedade.[5] Desde seu princípio mais remoto a moda teve críticos. Há textos do século XIV que descrevem como as pessoas parecem ridículas quando vestem trajes que divergem do estritamente funcional. Até a década de 1980, estudos "sérios" sobre o tema tendiam a expressar uma condenação moral de seu objeto de estudo, quando não desprezo por ele. Tudo isso mudou, porém, nas duas últimas décadas. Este livro é basicamente crítico em relação à moda, mas não a condena. Uma de suas ambições centrais é estabelecer uma relação mais reflexiva com ela, e assim mudar nossa atitude no que diz respeito ao tema. Isto não nos libertará por completo da moda, mas nos permitirá alcançar um grau de relativa independência com relação a ela.

Este livro não é uma história da moda, embora vá fazer amplo uso dessa história.[6] Não é tampouco uma investigação estética normativa no sentido de pretender avaliar o valor estético de várias tendências. Seu objetivo é mais descritivo que normativo dentro da área da estética. De maneira geral, o que me preocupou nesta investigação foi a questão da importância da moda para a formação da identidade, embora ela possa, é claro, ser analisada de muitos ângulos diferentes. Sendo esta uma investigação filosófica, pretendo dar mais atenção ao *conceito* de moda, às suas diferentes representações e a afirmações sobre o que ela pode causar, e não à sua prática. Poderíamos dizer que o tema de minha investigação é o *discurso* da moda.

Os capítulos do livro podem ser lidos de maneira relativamente independente. Eles abrangem uma vasta gama de tópicos, visto que a moda está relacionada a diversas áreas de interesse, como vestuário, corpo, consumo, identidade e arte. Pretendo me concentrar principalmente na moda de vestuário, embora existam muitos outros tipos. De fato, ela não é só uma questão de roupas e seria melhor considerá-la um mecanismo ou uma ideologia que se aplica a quase todas as áreas concebíveis do mundo moderno, do fim do período medieval em diante. Entretanto, como esse mecanismo foi particularmente óbvio na área do vestuário, esta ocupará o centro do palco na apresentação que se segue.

"Moda" é um termo notoriamente difícil de definir com precisão, e é extremamente duvidoso que seja possível descobrir as condições necessárias e suficientes para que possamos considerar, de forma embasada, que alguma coisa está "na moda". De maneira geral, podemos distinguir duas categorias principais em nossa compreensão do que é moda: podemos afirmar que ela se refere ao vestuário ou que é um mecanismo, uma lógica ou uma ideologia geral que, entre outras coisas, se aplica à área do vestuário.

Adam Smith, um dos primeiros filósofos a conferir à moda um papel central em sua antropologia, afirmou que ela se aplica antes de tudo a áreas em que *gosto* é um conceito central. Este seria o caso, em particular, de roupas e móveis, mas também da música, da poesia e da arquitetura.[7] Em sua opinião, a moda tem também uma influência sobre a moral, embora nesse campo tal influência seja consideravelmente menor.[8] Immanuel Kant nos forneceu uma descrição da moda que se concentra em mudanças gerais nos estilos de vida humanos:

"Todas as modas são, por seu próprio conceito, modos mutáveis de viver."⁹ Mas estilos de vida humanos passaram por mudanças que dificilmente poderiam ser descritas como "moda", algo com que Kant concordaria. O poeta romântico Novalis escreveu que os únicos "melhoramentos verdadeiros" na vida humana se dão no campo da moral, e que todas as mudanças em nossas vidas são, "sem exceção, modas, meras mudanças, meras melhorias insignificantes".¹⁰ Em *Filosofia da moda* (1904), o filósofo e sociólogo Georg Simmel fez uma distinção entre moda e vestimenta, considerando a moda um fenômeno social amplo que se aplica a *todas* as arenas sociais, sendo o vestuário apenas um caso entre muitos.¹¹ Em sua opinião, áreas como o uso da língua e as regras de etiqueta estão também sujeitas à moda, embora o vestuário seja sem dúvida o centro de interesse nesse contexto. Algo semelhante foi dito pelo filósofo Gilles Lipovetsky: "Moda é uma forma específica de mudança social, independente de qualquer objeto particular; antes de tudo, é um mecanismo social caracterizado por um intervalo de tempo particularmente breve e por mudanças mais ou menos ditadas pelo capricho, que lhe permitem afetar esferas muito diversas da vida coletiva."¹² Lipovetsky nos dá aqui uma descrição muito ampla da moda, enfatizando precisamente que ela é um mecanismo social geral, sem se relacionar apenas ao vestuário. A moda na vestimenta deve ser considerada simplesmente uma faceta entre muitas. É difícil conceber algum fenômeno social que não seja influenciado por mudanças da moda – quer seja a forma do corpo, o design de automóveis, a política ou a arte.

Outros, contudo, associam a moda exclusivamente ao vestuário: a historiadora da arte Anne Hollander, por exemplo, a define como todo o espectro de estilos de roupa atraentes em qualquer tempo dado, incluindo "a alta costura, todas as formas de antimoda e não moda, e as roupas e acessórios daqueles que afirmam não ter nenhum interesse por moda".[13] A posição da historiadora da cultura Elisabeth Wilson é muito próxima dessa: "Moda é roupa cuja característica essencial é a mudança rápida e contínua de estilos. Em certo sentido, *é* mudança, e nas sociedades ocidentais modernas nenhuma roupa está fora do seu âmbito."[14] Mas o que constitui a "moda", as próprias roupas ou uma qualidade que elas possuem? A definição de Wilson é ambígua porque liga inequivocamente a moda tanto a roupas quanto a uma qualidade particular (i.e., mudança). Fica claro aqui, no entanto, que "mudança" não é uma qualidade suficiente para descrever moda. Tudo muda, mas nem tudo é necessariamente moda. Estaríamos procurando alguma outra qualidade? Podemos concordar com o crítico e semiótico Roland Barthes que as roupas são a base material da moda, ao passo que ela própria é um *sistema de significados* cultural.[15] Mas é possível dizer que *todas* as roupas servem de base material para tal sistema de significados? Isso é mais duvidoso. Não é despropositado associar o conceito de moda estritamente a roupas, mas ao mesmo tempo é óbvio que nem todas as roupas podem ser incluídas nele, de tal forma que o termo "moda" tem um referencial mais estreito que o termo "roupas". Como veremos no Capítulo 2, a moda não é um fenômeno universal, e existiram roupas muito antes que ela surgisse. Há também uma série de fenômenos não relacionados a roupas, mas que podem ser descritos como "moda", e nesse sentido o termo tem uma extensão muito mais ampla que "roupas".

É tentador definir o termo considerando-o como a designação de uma dada qualidade (ou uma combinação particular de qualidades) que pode ser válida para roupas, decoração de interiores, política, ciência e outros campos. O problema passa a ser então especificar precisamente que qualidade seria essa. Apesar de ter lido muitos estudos sobre moda, ainda não vi uma única tentativa convincente de identificá-la. Poderíamos, é claro, tentar fazer uma definição provisória do tipo: alguma coisa é moda somente se funcionar de maneira socialmente característica e fizer parte de um sistema que a substitui de modo relativamente rápido por algo novo. Tal definição, porém, não me parece acrescentar nada de importante à nossa compreensão seja dos aspectos socialmente característicos, seja dos aspectos "novos" da moda. Além disso, é duvidoso que ela possa indicar condições necessárias e suficientes. É inteiramente concebível que um objeto não socialmente característico nem novo (uma velha jaqueta de couro, por exemplo, que estamos usando há anos e de repente se torna "in") seja descrito de maneira muito precisa como um objeto da moda. Há também objetos que são tanto socialmente característicos quanto novos (uma medalha comemorativa recém-cunhada, por exemplo), mas que não podem ser descritos como objetos da moda.

A moda não precisa de fato introduzir um objeto novo; ela pode dizer respeito igualmente ao que *não* se está usando, como quando se tornou moda *não* usar chapéu. Além disso, ela se aplica a muitas áreas diferentes e é duvidoso que se possa criar uma definição que apreenda o modo como funciona dentro de todas elas. Temos todas as razões para crer que é mais eficaz estudar o termo com base no que Wittgenstein chamou de "semelhanças de família". Ele ilustrou isso com o conceito de "jogos": não há nenhuma característica única que seja partilhada por tudo que chamamos de jogos, mas ainda assim todos os jogos estão interligados através de uma rede complexa de semelhanças.[16] Uma consequência dessa abordagem ao conceito de moda é que devemos nos aproximar dele mediante o uso de exemplos. Podemos fornecer exemplos do que chamaríamos de moda, bem como exemplos do que não chamaríamos de moda, mas não nos seria possível propor uma definição com condições necessárias e suficientes a todos. Por isso, haverá considerável uso de exemplos neste livro, e teremos de ver em que medida é possível, com base neles, extrair ideias mais gerais.

Certamente existem modas também entre acadêmicos e intelectuais. Elas têm a ver com quais assuntos estão "in" e quais estão "out", quais abordagens são "sexy" e quais não são. Seria ingênuo acreditar que tudo isso é governado por considerações completamente racionais, pois se trata igualmente de uma questão de gosto em constante mudança. Quanto a isso, não há de fato nenhuma grande diferença entre roupas e filosofia, embora os filósofos reajam mais lentamente que as pessoas do mundo da moda de vestuário, não se espera que todo filósofo apresente uma coleção completamente nova de opiniões a cada estação. A ideia de que a filosofia, entre outras coisas, é um processo controlado pela moda pode parecer um tanto questionável a muitos filósofos, que gostam de pensar que os temas que discutem e as abordagens que adotam são ditados por escolhas exclusivamente racionais. Alguns deles, na verdade, reagiram fortemente a uma formulação que propus num livro anterior:

Há poucas refutações claras na história da filosofia. Quando ocorrem revoluções filosóficas, por exemplo com Descartes e Kant, não é porque seus predecessores foram incontestavelmente refutados, mas sim porque muitos filósofos estão cansados da filosofia tradicional e sentem que ela está apenas marcando passo, de modo que algo novo é necessário.[17]

Dizer que a filosofia não muda unicamente por razões racionais, mas muitas vezes a bem da própria mudança, é admitir que ela também está, ao menos em parte, sujeita à moda. Esta, contudo, é uma descrição que contesta a ambição da filosofia moderna de atingir uma autodeterminação absolutamente racional.

O filósofo Hans-Georg Gadamer afirma que a moda regula apenas aquelas coisas que poderiam com facilidade ser completamente diferentes.[18] Ela deveria ser vista, portanto, como algo aleatório, sem nenhuma fundamentação mais profunda – uma superfície sem base. Mas a moda não se restringe a governar coisas tão "desimportantes" como roupas; ela afeta também a arte e a ciência. Em outro lugar, Gadamer escreve: "Até na práxis do trabalho científico existe 'moda'. Conhecemos o enorme poder e a força esmagadora que ela representa. O único problema é que a palavra soa horrivelmente mal em conexão com a ciência, pois evidentemente gostaríamos de acreditar que esta é superior ao que meramente promove a moda."[19] Simmel partilha desse ponto de vista, sustentando que fenômenos como a ciência e a religiosidade são importantes demais para estarem sujeitos a "uma completa falta de objetividade no desenvolvimento da moda".[20] A questão é se realmente conseguimos estar à altura dessa ambição e nos elevar acima da exigências da moda. Um ponto central da hermenêutica de Gadamer é que toda tentativa de compreender alguma coisa, toda investigação científica ou não, deve estar necessariamente ligada a uma situação hermenêutica historicamente condicionada. Em que medida nossa situação hermenêutica é influenciada pela lógica da moda? Por que deveríamos tentar nos elevar acima da moda da maneira como Gadamer defende? Não irá a pessoa que segue a moda ficar em harmonia com seu tempo – e não terá isso um valor em si mesmo? Talvez fosse a isso que Hegel estava aludindo quando disse ser "tolice" resistir à moda.[21]

De todo modo, não se pode dizer que a moda seja um tema em moda na filosofia. Mesmo em obras filosóficas de bases amplas sobre a gênese da individualidade moderna, como *Sources of the Self*, de Charles Taylor, nada é dito a seu respeito.[22] Tradicionalmente, ela não é considerada um objeto de estudo satisfatório e o campo não ganhou o mesmo reconhecimento que, por exemplo, as artes visuais e a arquitetura. Nos últimos anos essa posição mudou em certo grau com uma sucessão de publicações acadêmicas sobre o assunto. Com poucas exceções, contudo, elas não foram escritas por filósofos. Se voltarmos os olhos para a história da filosofia, os resultados também são escassos. Até Nietzsche evitou o tema em certa medida. A lista dos que realmente dedicaram alguma atenção à moda inclui Adam Smith, Immanuel Kant, G.W.F. Hegel, Walter Benjamin e Theodor W. Adorno. Há também comentários esparsos de outros pensadores, mas encontramos uma quantidade de material surpreendentemente pequena a que recorrer na tradição filosófica. Que eu saiba, apenas dois filósofos escreveram livros sobre moda: Georg Simmel e Gilles Lipovetsky (e provavelmente os sociólogos dirão que Simmel na verdade "pertence" a eles). Vai um pouco contra a natureza da filosofia escrever sobre moda. Platão traçou a distinção entre a própria realidade por um lado e suas aparências por outro, entre profundidade e superfície. E moda é pura superfície. É possível observar também, aliás, certo ceticismo em relação a roupas já desde Platão, que as associava à beleza, mas uma beleza de natureza um tanto fraudulenta.[23] O fato de a moda ter sido negligenciada pela filosofia parece resultar de uma concepção de que o próprio fenômeno é superficial demais para merecer investigação séria. Em geral, os filósofos não foram também muito conscientes da moda. Mais uma vez a exceção é Kant, que era conhecido como "o elegante Mestre em Artes", e que perambulava com sapatos de fivela de prata e vestia camisas de fina seda. Como ele mesmo disse: "É sempre melhor ... ser um tolo na moda que um tolo fora de moda."[24]

Escrever uma filosofia da moda é assumir uma tarefa que foi basicamente ridicularizada na literatura de ficção – mais precisamente no romance de Thomas Carlyle *Sartor Resartus* (1833-34). Quando começou a trabalhar nesse livro, ele escreveu em seu diário: "Vou escrever... tolices. É sobre 'Roupas'. Que Deus me ajude!"[25] O livro zomba da moda, sem poupar a sua filosofia. O personagem principal é Diogenes Teufelsdröckh ("merda do diabo"), que decidiu investigar "as Influências morais, políticas e até religiosas das Roupas".[26] Ele faz das roupas a base de tudo na existência humana, afirmando que são elas, fundamentalmente, que nos proporcionam a melhor compreensão dessa existência: "Portanto, nesse importante assunto das ROUPAS, devidamente compreendido, está incluído tudo que os homens pensaram, sonharam, fizeram e foram: todo o

Universo exterior e o que ele contém não passa de Vestuário; e a essência de toda a Ciência reside na FILOSOFIA DAS ROUPAS."[27] Naturalmente, as roupas são incapazes de suportar tamanha carga. Revela-se então que não são de fato os itens do vestuário em si mesmos que interessam a Teufelsdröckh, mas seu significado. Ele sublinha que, originalmente, o homem não usou roupas para se aquecer, nem por decência, mas para se enfeitar.[28] O objetivo de Teufelsdröckh é interpretar o mundo através das roupas. É isso que importa para uma investigação filosófica da moda: o significado desta. É preciso enfatizar também que a visão muito difundida de *Sartor Resartus* como uma rejeição da moda não é de todo verdadeira. O que Carlyle desejava não era atacar a moda como tal, mas defender a autenticidade humana – que o interior deve corresponder ao exterior, e que nosso eu exterior deve ser a expressão de uma espiritualidade genuína. Em grande medida, Carlyle considerava *Sartor Resartus* uma brincadeira, e o livro é inegavelmente divertido, mas nem por isso deixa de ser uma das obras mais argutas escritas sobre o tema: Carlyle compreendeu que as roupas têm importância crucial para a constituição da individualidade humana.

Como Simmel enfatizou em *Filosofia da moda*, há um vínculo entre moda e identidade. Foi essa pista que procurei seguir aqui. As roupas são uma parte vital da construção social do eu. A identidade não é mais fornecida apenas por uma tradição, é também algo que temos de escolher em virtude do fato de sermos consumidores. A moda não diz respeito apenas à diferenciação de classes, como afirmaram análises sociológicas clássicas de Veblen a Bourdieu, mas está relacionada à expressão de nossa individualidade. O vestuário é parte do indivíduo, não algo externo à identidade pessoal. A filósofa e escritora Hélène Cixous enfatiza, por exemplo, que as roupas não são principalmente um escudo para o corpo, funcionando antes como uma extensão dele.[29] Todos nós temos de expressar de alguma maneira quem somos através de nossa aparência visual. Essa expressão será necessariamente um diálogo com a moda, e os ciclos cada vez mais rápidos desta indicam uma concepção mais complexa do eu, porque o eu se torna mais efêmero.

Como é viver num mundo regido pela moda? Passamos a ser cronicamente estimulados por um fluxo constante de "novos" fenômenos e produtos, mas ficamos também entediados mais rapidamente numa medida correspondente. No romance *Model Behaviour*, de Jay McInerney, é dito que estamos "na esfera da moda, em que um entusiasmo ofegante canta em harmonia com um tédio venenoso".[30] Somos libertados de uma série de vínculos tradicionais, mas nos tornamos escravos de novas instituições. Tentamos cada vez com mais afinco expressar nossa própria individualidade, mas paradoxalmente o fazemos de tal maneira que muitas vezes conseguimos expressar apenas uma impessoalidade abstrata.

Certamente muitas coisas não pertencem ao domínio da moda, mas em nossa parte do mundo, neste ponto da história, é praticamente impossível ficar fora dele. No mundo ocidental, até os mais pobres estão incluídos no universo da moda na medida em que são conscientes de que não podem ter grande participação nele. Estar excluído do jogo, e ter consciência dessa exclusão, é estar dentro de sua esfera. Todos os que leem este livro são cidadãos do mundo da moda.

2. O princípio da moda – o novo

>
> Faça-o novo!
> EZRA POUND[1]
>
> Uma nova ideia.
> Um novo visual.
> Um novo sexo.
> Um novo par de cuecas.
> ANDY WARHOL[2]

A MODA NÃO É UNIVERSAL. Não é um fenômeno que exista em toda parte e em todos os tempos. Suas raízes não estão nem na natureza humana nem em mecanismos de grupo em geral. Mas desde que surgiu pela primeira vez em uma sociedade, levou um número cada vez maior de outras sociedades e áreas sociais a seguirem sua lógica.

Afirma-se em geral que a moda no vestuário teve suas origens no fim do período medieval, possivelmente no início do Renascimento, talvez em conexão com a expansão do capitalismo mercantil. Costuma-se dizer que não podemos falar de moda na Antiguidade grega e romana no sentido em que o fazemos hoje, porque não havia autonomia estética individual na escolha das roupas – ainda que houvesse certas possibilidades de variação. O vestuário europeu tinha mudado relativamente pouco da era romana até o século XIV. Embora tivesse havido, é claro, variações nos materiais e nos detalhes das roupas, para todos os efeitos sua *forma* permaneceu inalterada. Em geral, ricos e pobres usavam roupas com formas semelhantes, embora os ricos mandassem fazer as suas de materiais mais caros e usassem ornamentos. O impulso para se enfeitar não é em absoluto um fenômeno recente na história humana, mas as coisas com que as pessoas se enfeitavam no mundo pré-moderno nada tinham a ver com moda. Os vikings, por exemplo, mostravam grande preocupação com a aparência, e costumavam usar, entre outras coisas, um pente pendurado no cinto, ao lado de símbolos de posição social – mas não existiram modas vikings. As sociedades pré-modernas são conservadoras. Nelas, as pessoas podem usar ornamentos simples ou sofisticados e podem ter extremo interesse em fenômenos estéticos, mas é uma característica recorrente que coisas como penteados, roupas e joias permaneçam mais ou menos inalterados ao longo de gerações. Os romanos da Antiguidade eram vaidosos, homens e mulheres usando maquiagem e perfume, o cabelo tingido e anelado, quando não usavam peruca. Mas esses estilos eram também muito duradouros. Ocasionalmente, o estilo de um país podia se tornar apreciado em outro, levando a uma súbita mudança – como quando os gregos começaram a raspar suas barbas para se parecerem com Alexandre Magno. Uma mudança de estilo como essa, entretanto, não pode ser propriamente qualificada de *moda*, porque dali em diante os gregos mantiveram suas faces e queixos escanhoados. O que aconteceu foi a substituição de uma norma estética duradoura por outra, sem que mudanças subsequentes pareçam ter sido desejadas ou mesmo consideradas. Para que possamos falar de "moda", não basta que ocorra uma mudança de raro em raro.

A moda só se configura quando a mudança é buscada por si mesma, e ocorre de maneira relativamente frequente.

Como foi mencionado, em geral se associa a origem da moda à emergência do capitalismo mercantil no período medieval tardio. A Europa experimentava então um desenvolvimento econômico considerável, e as mudanças econômicas criaram a base para mudanças culturais relativamente rápidas. Foi nesse momento que modificações na maneira como as pessoas se vestiam adquiriram pela primeira vez uma lógica particular: deixaram de ser raras ou aleatórias, passando a ser cultivadas por si mesmas. As formas básicas das roupas passaram a mudar rapidamente, e os detalhes superficiais mais ainda. Os trajes começaram também a se parecer com os modernos por serem adaptados ao indivíduo, e o corte passou a ser modificado de quando em quando sem nenhuma razão aparente exceto a própria mudança. Por volta de meados do século XV, cortes criativos, novas cores e texturas começaram a emergir, com variações na amplitude nos ombros e no peito, no comprimento total, no modelo de chapéus e sapatos e outras mudanças. Essa tendência se tornou mais intensa, ganhando talvez sua forma mais extrema na maneira, evidente no século XVI, como as roupas passaram a divergir cada vez mais dos contornos reais do corpo. A mudança nas roupas tornou-se uma fonte de prazer em si mesma. Sem dúvida durante séculos essa mudança consciente de estilos foi acessível apenas a um grupo restrito, os ricos, mas pouco a pouco, com a emergência da burguesia e o desejo concomitante de estar "na moda", foi se espalhando.

Ainda que se possa afirmar que a moda começou por volta de 1350, seria mais correto dizer que no sentido moderno – com mudanças rápidas e um desafio constante ao indivíduo para se manter em dia com o seu tempo – ela só se tornou uma força real no século XVIII. A burguesia que emergiu nessa época, disputando o poder com a aristocracia feudal, usava as roupas para indicar seu status social. Nas décadas de 1770 e 1780 apareceram as primeiras revistas de moda, como a inglesa *Lady's Magazine* (1770) e a alemã *Journal des Luxus und der Moden* (1786). (Revistas de moda dirigidas explicitamente a um público masculino, porém, só foram publicadas na década de 1920.)[3] Essas revistas sem dúvida serviram para aumentar a rapidez com que a moda circulava, já que a informação sobre o que estava "in" e "out" era difundida muito mais depressa e para mais pessoas que antes.

O desenvolvimento da moda foi um dos eventos mais decisivos da história mundial, porque indicou a direção da modernidade. Há na moda um traço vital da modernidade: a abolição de tradições. Nietzsche a enfatizou como uma característica do moderno porque ela é uma indicação da emancipação, entre outras coisas, de autoridades.[4] Mas a moda encerra também um elemento que a modernidade não teria gostado de reconhecer. Ela é irracional. Consiste na mudança pela mudança, ao passo que a modernidade se vê como constituída por mudanças que conduzem a uma autodeterminação cada vez mais racional.

A modernização consiste num movimento dual: a emancipação sempre envolve a introdução de uma forma de coerção, pois a abertura de uma forma de autorrealização sempre fecha outra. Nas palavras de Roland Barthes: "Cada nova Moda é uma recusa a herdar, uma subversão contra a opressão da Moda anterior."[5] Vista dessa maneira, a nova moda encerra uma emancipação, pois nos liberta da antiga. O problema é que uma coerção é substituída por outra, pois somos imediatamente submetidos à tirania da nova moda. A modernidade nos libertou da tradição, mas nos tornou escravos de um novo imperativo, precisamente formulado por Arthur Rimbaud perto do final de *Une saison en enfer*: "Temos de ser completamente modernos."⁶

A ideia de "novo" é relativamente nova. Na Idade Média, por exemplo, as pessoas não pensavam nesses termos. Talvez este ponto exija algum esclarecimento. É claro que as pessoas sempre souberam que algumas coisas eram mais novas que outras, e há exemplos do uso da expressão latina *modernus* ("novo", ou "recente", a base do conceito de "modernidade") que remontam até o século VI, quando foi usada para distinguir entre uma era pagã e uma nova era cristã. Foi só muito mais tarde, no entanto, que a distinção entre "novo" e "velho" se tornou de uso geral. Um indício de que uma nova compreensão do tempo e da história estava emergindo foi que as pessoas ganharam consciência do fato de que existiam anacronismos. Em pinturas da Idade Média, por exemplo, vemos figuras bíblicas representadas com trajes medievais. A Sagrada Família podia ser representada usando roupas que teriam ficado bem numa família de negociantes italianos. Não parecia haver uma percepção clara do fato de que as figuras representadas tinham usado roupas "antigas", ao passo que nas pinturas apareciam com roupas "novas". A concepção do "novo" só se tornou corrente com o advento do Iluminismo durante o século XVIII. O filósofo Gianni Vattimo salienta que a modernidade é uma era em que ser moderno se torna um valor em si mesmo, ou melhor, em que ser moderno se torna um valor fundamental a que todos os outros são referidos.[7] Mais precisamente, ser "moderno" torna-se sinônimo de ser "novo". O homem moderno tem uma índole "pró-neo".

Praticamente todos os teóricos da moda enfatizam "o novo" – com uma sucessão constante de objetos "novos" substituindo aqueles que foram "novos" mas agora se tornaram "velhos" – como uma característica básica da moda. Tenho conhecimento de um único escritor que afirma o contrário, o arquiteto Adolf Loos. De maneira bastante paradoxal, Loos só considera uma coisa realmente moderna se ela tiver uma duração: apenas objetos que permanecem em voga por um longo período merecem a designação "moda".[8] Se uma coisa sai de moda após uma única estação, segundo Loos ela apenas pretendeu ser moderna, sem de fato o ser. Loos acredita também que objetos sem ornamentos seriam muito mais duradouros esteticamente que aqueles ricamente ornamentados, e que a moda masculina deveria por isso substituir a feminina.[9] Ele insere a moda numa concepção de progresso visto como um avanço rumo a uma forma cada vez mais pura de expressão, e a moda se torna completa quando elimina toda ornamentação e mudança. Afirma também que a pessoa que *menos* difere de todas as demais será a que estará mais na moda.[10] Mas a compreensão de Loos do conceito é tão idiossincrática que não pretendo continuar levando-a em consideração.

Kant foi talvez o primeiro teórico de alguma estatura a enfatizar *o novo* como uma característica da moda. "A novidade torna a moda sedutora."[11] Enquanto filósofos anteriores haviam associado a moda à beleza, Kant enfatiza que ela não tem absolutamente nada a ver com esta, mas que, ao contrário, "degenera-se em algo fantástico e até detestável", pois é uma questão mais de competição que de gosto.¹²

Nesse aspecto, Kant é mais "moderno" que Charles Baudelaire, que associou a moda a um esforço para alcançar a beleza. Baudelaire descreve cada moda isolada como um sintoma de "um novo esforço, mais ou menos feliz, na direção da Beleza, um tipo de aproximação a um ideal pelo qual a inquieta mente humana sente uma fome constante e titilante".¹³ Pode-se afirmar que Baudelaire, apesar de sua fascinação pela moda, só dá meio passo em direção a ela. Ele quer "extrair da moda todo elemento que ela possa conter de poesia na história, destilar o eterno a partir do transitório".¹⁴ Para ele, a beleza é uma questão de encontrar uma síntese do eterno e do temporal.

> A beleza é feita de um elemento eterno, invariável, cuja quantidade é excessivamente difícil determinar, e de um elemento relativo, circunstancial, que será, se quisermos, quer alternadamente ou ao mesmo tempo, a época, suas modas, a moral, suas emoções. Sem este segundo elemento, que é como que o glacê divertido, atraente, apetitoso do bolo divino, o primeiro elemento estaria acima de nossa capacidade de digestão ou de apreciação, não sendo nem adaptado nem conveniente à natureza humana. Desafio qualquer pessoa a apontar um único fragmento de beleza que não contenha esses dois elementos.¹⁵

Foi basicamente esse desafio que Stéphane Mallarmé aceitou. Radicalizando o ponto de vista de Baudelaire, Mallarmé não buscou nenhuma síntese do eterno com o temporal. Para ele, o transitório e o imediato eram suficientes. Entre setembro e dezembro de 1874, Mallarmé foi editor de uma revista de moda, *La Dernière Mode*, em que, sob diversos pseudônimos, escrevia absolutamente todo o material editorial, inclusive artigos aconselhando sobre vestidos, chapéus e outros itens.[16] A beleza na moda não deveria ser buscada na atração de algo eterno, e de maneira nenhuma em qualquer funcionalidade, mas na pura temporalidade. Para a estética moderna, a beleza reside no temporal, no transitório que é absolutamente contemporâneo.

Pouco a pouco a beleza sai de cena como uma norma estética central, e a insistência no caráter novo das coisas se torna o fator mais decisivo: a lógica da moda suplantou todas as outras condições estéticas. Isto é particularmente óbvio nas artes visuais e formas similares de expressão. O poeta Paul Valéry foi crítico dessa tendência: "O gosto exclusivo pela novidade mostra a degeneração da faculdade crítica, pois nada é mais fácil que avaliar a novidade de uma obra."[17] Roland Barthes afirma isso de maneira mais sóbria: "Nossa avaliação do mundo não depende mais ... da oposição entre *nobre* e *vil*, mas daquela entre Velho e Novo."[18]

A insistência na originalidade foi o mantra da vanguarda artística.[19] Ao mesmo tempo, é claro que toda declaração supostamente original está inserida num contexto esmagadoramente mais vasto de repetição. Quando um artista ou criador de moda faz algo novo, descobriremos (desde que façamos nosso dever de casa na história da arte e da moda) que a *"condição subjacente do original"* é a "realidade sempre presente da cópia", como salienta a teórica da arte Rosalind Krauss.[20] É possível afirmar, contudo, que o cultivo da novidade pela vanguarda foi estimulado pela meta de criar o definitivamente novo, que não poderia ser ultrapassado por nada ainda mais novo, e que portanto ela não abraçou por completo a lógica da moda. Foi essa, por exemplo, a ambição de Mark Rothko, que declarou no início da década de 1950 que ele e os outros expressionistas abstratos tinham estabelecido um novo padrão para a arte que se aplicaria aos mil anos seguintes.[21] Na verdade ele durou menos de uma década, ainda que tenha sido uma década extraordinária. A moda, basicamente, nunca parece sujeita a essa ilusão; pelo contrário, sempre deu lugar à previsão de que todas as coisas novas logo serão superadas por algo ainda mais novo.

Tanto a moda quanto a arte moderna – talvez porque a arte está sujeita à lógica da moda – foram governadas por uma "ânsia de inovar".[22] Enquanto o artista pré-moderno estava sujeito a uma exigência de permanecer dentro do arcabouço da tradição, o artista moderno esteve sujeito a uma exigência de exceder tais arcabouços – e sempre criar algo *novo*. A constante ruptura com o que houve antes não é livremente escolhida – é muito mais uma convenção rigorosa da arte moderna. Nas palavras do filósofo Boris Groys: "A luta pelo novo manifesta a realidade de nossa cultura precisamente quando está livre de todas as justificações e motivos ideológicos, e a diferença entre inovação verdadeira, autêntica, e inovação falsa, inautêntica, não mais se aplica."[23] Basta que algo seja novo. O novo passou a se autojustificar – não precisa de nenhuma referência a um conceito de progresso ou algo semelhante.

Em princípio, um objeto em moda não precisa de nenhuma qualidade particular além de ser *novo*.[24] O princípio da moda é criar uma velocidade cada vez maior, tornar um objeto supérfluo o mais rapidamente possível, para que um novo tenha uma chance. Vista sob esta luz, a cadeia de lojas de roupas

Gap é exemplar, pois substitui sua linha de produtos a cada oito semanas![25] A moda é irracional no sentido de que busca a mudança pela mudança, não para "aperfeiçoar" o objeto, tornando-o, por exemplo, mais funcional. Ela busca mudanças superficiais que na realidade não têm outra finalidade senão tornar o objeto supérfluo com base em qualidades não essenciais, como o número de botões num paletó de terno ou o famoso comprimento da saia. Por que as saias ficam mais curtas? Porque tinham estado mais longas. Por que ficam longas? Porque tinham estado curtas. O mesmo se aplica a todos os outros objetos de moda. A moda não é "mais profunda" que um apelo à mudança pela mudança.

De onde vêm as mudanças na moda? É sempre tentador buscar uma correspondência entre as tendências da moda e aquelas da sociedade exterior – e haverá evidentemente pontos de contato, porque a moda é uma parte importante dessa sociedade, mas as modas são criadas antes de tudo com base em outras anteriores, e não como um "comentário sobre a sociedade" ou coisa semelhante. Se as saias estão mais longas durante uma estação, não é porque a sociedade se tornou mais puritana, mas porque tinham estado mais curtas. Em resumo: as modas se desenvolvem mais com base em condições internas do que com base num diálogo com os desenvolvimentos políticos na sociedade.[26] Ela não pode tampouco ser compreendida como uma tentativa de alcançar um ideal atemporal. Em seus primeiros escritos, o sociólogo Jean Baudrillard parece supor um dado ideal de beleza que a moda não chega a alcançar, como quando afirma que "roupas realmente belas, definitivamente belas, poriam fim à moda".[27] Mais tarde, porém, ele faz da moda o princípio supremo a que os ideais de beleza estão também sujeitos. A moda não tem nenhum *telos*, nenhum objetivo, no sentido de buscar alcançar um estado de perfeição, uma espécie de encarnação mais elevada que tornará supérfluos todos os desenvolvimentos futuros. Seu objetivo é antes ser potencialmente sem fim, criar novas formas e constelações *ad infinitum*.

Por outro lado, podemos perguntar em que medida ainda existe alguma coisa nova. Dado o número de desfiles de moda a cada ano, é óbvio que há pouco tempo para desenvolver novas ideias. Pareceria mais natural criar variações em torno de modas anteriores. Podemos falar sobre certas tendências gerais durante longos períodos de tempo, como a simplificação do corte das roupas e a exposição de mais pele durante os últimos séculos, mas observam-se variações importantes dentro desses períodos. Após as linhas retas e o estilo modernista quase ascético dos anos 1920 e 1930, o "New Look" introduzido por Christian Dior após a Segunda Guerra Mundial requeria uma profusão de materiais e exibia um retorno a uma estética mais "burguesa", que refletia conceitos mais tradicionais de gênero. O estilo parecia ser uma inovação radical, mas em certo sentido aquela era uma moda retrô. Como costureiro, Dior contribuiu enormemente para acelerar o ritmo da moda, surpreendendo as pessoas com criações constantemente novas e inesperadas a cada estação, numa época em que a moda se desenvolvia muito mais lentamente que hoje.

O tempo e o espaço ficaram ainda mais comprimidos. O tempo e o espaço objetivos têm, é claro, as mesmas propriedades quantitativas que antes, mas o *tempo* e o *espaço experimentados* "encolheram". Isso leva a uma mudança na temporalidade da moda. Enquanto outrora ela podia aparentar uma temporalidade mais linear, agora adquiriu, numa medida crescente, uma temporalidade cíclica. Cabe observar aqui que sempre houve um elemento cíclico na moda: desde o século XV estilos anteriores começavam a ser repetidos.[28] No início da história da moda, contudo, a duração de um ciclo era consideravelmente maior do que se tornou mais tarde, e podemos dizer que a moda tem um movimento geral para a frente. Hoje, no entanto, sua atenção parece estar toda voltada para sua própria reciclagem. A nova liberdade nas últimas décadas foi usada menos para criar novas formas que para jogar com formas mais antigas.[29] Hoje em dia, quase não se justifica afirmar que uma moda é historicamente mais avançada que qualquer outra. Todas elas foram postas em pé de igualdade.

A moda existe numa interação entre lembrança e esquecimento, em que ela continua lembrando seu passado ao reciclá-lo, mas ao mesmo tempo esquece que ele é exatamente aquilo. E quanto mais depressa a moda evoluir, ao que parece, mais depressa esquecerá. Como Milan Kundera escreveu: "O grau de lentidão é diretamente proporcional à intensidade da memória; o grau de rapidez é diretamente proporcional à intensidade do esquecimento."[30] Será isso verdade? Ou terá a moda de hoje – precisamente por causa de sua extrema rapidez – se tornado uma moda com uma memória boa demais? Roland Barthes disse em seu livro mais importante sobre moda que ela é um discurso que rejeita a possibilidade de um diálogo com seu próprio passado.[31] Desde que esse livro de Barthes foi lançado em 1967, no entanto, a moda passou a consistir, num grau cada vez maior, precisamente nesse diálogo com seu próprio passado, que hoje está sendo constantemente restaurado como um substituto do novo.

A natureza da moda é ser transitória. Há uma insistência central na inovação radical, uma busca constante da originalidade. A moda só é moda na medida em que é capaz de avançar. Ela se move em ciclos, um ciclo sendo o espaço de tempo desde o momento em que uma moda é introduzida até aquele em que é substituída por uma nova, e seu princípio é tornar o ciclo – o espaço de tempo – o mais curto possível, de modo a criar o número máximo de modas sucessivas. A moda ideal, desse ponto de vista, duraria apenas um instante antes de ser substituída. Nesse sentido, ela se aproximou cada vez mais de uma realização de sua essência, já que seus ciclos se tornaram mais curtos, deixando de durar uma década como no século XIX para durar apenas uma estação dos anos 1970 em diante. Há uma ampla concordância de que os ciclos se aceleraram rapidamente desde o século XIX, especialmente nos últimos 50 anos. Sem dúvida ninguém é capaz de criar estilos radicalmente novos nesse ritmo, e uma reciclagem de estilos anteriores tornou-se a norma. Essencialmente, a alta costura dos anos 1970 não iniciou nada, tendo sido antes um desenvolvimento adicional dos anos 1960, embora com uma ênfase maior na "naturalidade". As modas dos anos 1980 citaram e reciclaram muito explicitamente o passado, mas sem o tom mais nostálgico dos anos 1970. Quando chegamos aos anos 1990, é difícil ver outra coisa senão uma interminável série de reciclagens – embora em variantes espetaculares. Essa reciclagem raras vezes é completa, no sentido de estarmos olhando para cópias diretas de itens de vestuário do passado. Em geral, trata-se muito mais de uma questão de constelações diferentes de elementos do passado, ou versões mais extremas de estilos específicos. É igualmente uma questão de reciclagem quando estilistas contemporâneos se "instalam" numa posição no fim da história da moda e não acreditam mais em outros movimentos adiante, de modo que a única estratégia que resta é recriar os estilos de tempos anteriores em diferentes variantes. E o vínculo entre eles e suas origens históricas torna-se cada vez mais fraco. A moda descontextualiza e recontextualiza, e os itens tomados de outras tradições não têm mais nenhuma origem fixa.[32]

A reciclagem também se acelerou, e hoje estamos numa situação em que todos os estilos praticamente se sobrepõem com relação ao tempo. A distância temporal entre o "novo" e a moda reciclada tornou-se cada vez menor, até finalmente desaparecer. Martin Margiela violou explicitamente as normas quando repetiu suas criações anteriores em novas coleções e, ao fazê-lo, repudiou a exigência de que fosse "novo". Isso revelou apenas, contudo, que Margiela havia compreendido a impossibilidade de ser completamente "novo" a cada estação. Ele trabalhou com essa ideia de várias maneiras: em 1997, por exemplo, fez roupas "novas" a partir de coleções antigas (um traje a partir de cada uma das 18 coleções que havia produzido) e depois tornou-as "velhas" de novo borrifando-as com agentes fertilizantes e pulverizando-as com bactérias, mofos e fungos antes de colocá-las em exposição no Museum Boijmans van Beuningen, em Roterdam.

Se Walter Benjamin estava certo ao afirmar que a moda é "a eterna recorrência do *novo*",[33] seria difícil imaginar algo mais extemporâneo que ela. A categoria "o novo" parece, apesar de tudo, pertencer ao passado. A regra, aparentemente, não uma eterna recorrência do novo, mas uma eterna recorrência do mesmo. A moda não parece mais conter nenhuma surpresa para nós. Novas coleções são mostradas à imprensa com quase um ano de antecedência e seguem trilhas batidas. Não faz exatamente sentido continuar falando sobre "ciclos de moda", já que um ciclo presume que alguma coisa esteja "na moda" antes de ficar "fora dela". Desde o início dos anos 1990 o processo de reciclagem atingiu tamanha velocidade que as coisas mal têm tempo de ficar fora de moda antes de voltarem a ser moda de novo. O resultado é que a moda contemporânea se caracteriza por uma contemporaneidade geral de todos os estilos. Com a velocidade cada vez maior da reciclagem, chegamos a um ponto em que a moda – ao realizar plenamente seu potencial – aboliu sua própria lógica.

A moda costumava acompanhar uma norma modernista, no sentido de que uma nova tendência devia substituir todas as anteriores e torná-las supérfluas. A lógica tradicional da área é uma *lógica de substituição*. Durante os últimos dez anos, contudo, a moda passou a ser definida por uma *lógica de suplementação*, em que todas as tendências são recicláveis e uma nova moda dificilmente pretende substituir todas aquelas que a precederam, contentando-se em suplementá-las.[34] A lógica de substituição foi ela própria substituída pela de suplementação (ou por uma lógica de acumulação, se preferirmos), em que o mecanismo que promete que o novo substituirá o velho não opera mais. Em vez disso, o velho e o novo – ou melhor, talvez, o velho e o velho – existem lado a lado. Como Andy Warhol estabeleceu para a arte: "Há lugar para todo mundo."[35] O *modus operandi* da moda mudou. Tradicionalmente, ela requeria um fluxo constante de novos objetos que logo se tornariam supérfluos. Seu objetivo era a continuação incessante de um sistema que substituía o já existente por algo novo, sem nenhuma justificação além da alegação de que o novo era preferível ao já existente. A moda não tinha uma *meta final*, exceto uma eterna realização e radicalização da sua própria lógica. Mas depois de ser suficientemente radicalizada, essa lógica de substituição foi transformada numa lógica de suplementação. O problema com esta última é que ela não cria um grau suficientemente alto de superfluidade.

Em apresentações de utopias, a moda em geral está ausente. Já podemos ver isso na *Utopia* de Thomas More, em que todos usam o mesmo tipo de roupas funcionais que não foram tingidas e não mudaram de forma por séculos.[36] More frisa também que todas as roupas são usadas até que se estraguem.[37] Regimes totalitários também tenderam a levar todos os cidadãos do país a usar uniformes. O "terno Mao" é um exemplo típico. Boris Groys descreve a moda como antiutópica e antiautoritária porque sua constante mudança solapa a possibilidade da existência de verdades universais que seriam capazes de determinar o futuro.[38] Poderíamos dizer que, desse modo, a tendência antiautoritária da moda resulta da sua dimensão antiutópica, embora ela talvez seja, por outro lado, o mais totalitário de todos os fenômenos no mundo moderno, já que impôs sua própria lógica a praticamente todas as áreas, passando assim a abranger tudo. A moda conquistou a maior parte das áreas, mas se perdeu nesse processo. Ela está em toda parte, mas isso significa também que não está em parte alguma. Pode algo como a moda existir sem que haja um estilo dominante ou, no mínimo, um número muito restrito de estilos dominantes? Nenhum estilo dominou completamente o campo da moda desde os anos 1960. O que vimos desde então é um polimorfismo cada vez maior do campo. Não há um estilo absolutamente em moda que deva ser adotado pela maioria de uma comunidade ou uma cultura. Ao contrário, há uma difusão grande demais da moda, a indicar que alguma coisa se deteriorou. Um estilo genuinamente em voga deveria ser, isto sim, aquele adotado por uma minoria e em vias de sê-lo pela maioria, ou pelo menos por um grande número de pessoas. Nesse sentido, a moda nunca *é* – está sempre num estado de *vir a ser*. O que temos hoje não é esse estado de vir a ser; talvez seja até uma reserva constante de estilos recicláveis, nenhum deles estando basicamente mais "na moda" que os outros.

Não só muitos costureiros reciclaram velhas modas em novas coleções, alguns deram um passo adiante reciclando suas próprias criações anteriores em novas coleções. Martin Margiela talvez tenha sido o primeiro, mas Diane von Furstenberg deixou isso muito explícito em 2001, quando fez uma reprodução exata de um vestido que havia lançado em 1972, relançando-o com o mesmo anúncio que havia usado na sua primeira aparição. Dolce & Gabbana e Prada abriram lojas que vendem roupas de coleções anteriores. Vivienne Westwood produz itens de vestuário a partir de produções antigas por encomenda. Manolo Blahnik voltou a produzir coleções de sapatos antigas, e Fendi fez o mesmo com bolsas. Se a moda tornou-se basicamente reciclagem, poderíamos igualmente fazer nós mesmos a reciclagem. É difícil, entretanto, imaginar uma ruptura mais flagrante com a ideia básica da moda, já que no passado ela sempre foi uma questão de produzir algo *novo*.

Benjamin perguntou se é por não conseguir manter velocidade que a moda morre.[39] Mas essa morte não se deveria antes ao fato de ela ter alcançado uma velocidade crítica que mudou toda a sua lógica?

3. As origens e a difusão da moda

— Diga-me, por favor, quantos trajes ela gasta num ano?
— Oh, meu caro Senhor! As roupas de uma bela dama não ficam velhas por serem usadas, mas por serem vistas.

RICHARD STEELE[1]

Things must change
We must rearrange them
Or we'll have to estrange them.
All that I'm saying
A game not worth playing
Over and over again.*

DEPECHE MODE[2]

POR QUE A MODA SE TORNOU TÃO ATRAENTE? Que há nela que atraiu tanta gente para a sua esfera? Neste capítulo vamos examinar mais atentamente várias teorias sobre como e por que a moda se desenvolve tal como descrevemos.[3] Várias versões da chamada "teoria do gotejamento" serão centrais, porque esse é o modelo básico real na maior parte das explicações, mas veremos também que essa teoria tornou-se cada vez menos defensável à medida que a moda continuou a se desenvolver.

---

* As coisas têm de mudar / Ou bem nós as modificamos / Ou vamos ter de excluí-las / O que estou dizendo é só / Que não vale a pena ficar sempre / Jogando o mesmo jogo. (N.T.)

O desenvolvimento da moda pode ser visto como um resultado da tentativa de combatê-la. Na Europa medieval, a Igreja e o Estado cooperaram no combate ao luxo. O contato com o Oriente, especialmente durante as Cruzadas, havia levado tecidos primorosos e pedras preciosas para a Europa. Quando as pessoas começaram a competir na ostentação de riqueza, a Igreja e o Estado viram essa tendência com algum ceticismo e desejaram controlá-la. Entre os mais importantes regulamentos introduzidos nessa época estavam as leis suntuárias, que resultaram de uma preocupação inclusive com as roupas. O termo "suntuário" deriva do latim *sumptuarius* ("referente a despesas", "luxuoso"). Essas leis estiveram em vigor, em geral, desde o século XIII até o século XVII. Foram desenvolvidas estipulações particulares que vinculavam o uso de determinados artigos à posição social, reservando certos trajes e objetos a classes específicas; classes inferiores ficavam proibidas de adquiri-los, mesmo que tivessem recursos para tanto. Leis desse tipo já haviam existido antes. No Egito antigo, por exemplo, só as classes mais altas tinham permissão para usar sandálias, e tanto os gregos quanto os romanos tinham regras que estipulavam quem estava autorizado a usar o quê. A toga estava reservada aos cidadãos romanos: quem não o fosse não tinha o direito de usá-la, e quem fosse privado de sua cidadania tinha de abandoná-la. Na Idade Média, contudo, essas regras foram consideravelmente mais específicas e abrangentes. O capitalismo mercantil havia criado uma sociedade mais fluida, com certa mobilidade social, e leis passaram a ser introduzidas para manter diferenças de classe.[4] Igualmente importante, contudo, era o desejo de preservar a moralidade, porque se pensava que os bens de luxo corrompiam. Vestuário suntuoso era um claro indício de vaidade, em si um pecado grave. Como não é de surpreender, as leis suntuárias eram violadas a todo momento – a proibição parecia até tornar os artigos de luxo mais atraentes. Elas serviram precisamente para reforçar o papel das roupas como um marcador importante, ao criarem critérios relativamente claros para o status social ligado a vários objetos. Com o crescente enfraquecimento das divisões de classe e a maior mobilidade social, no entanto, a batalha para manter essas regras foi perdida. É verdade que algumas proibições foram introduzidas mais tarde (vedando o uso de calças por mulheres, por exemplo), porém estas se aplicavam não mais a classes sociais, mas a todos os seres humanos, ou a todos de um único gênero. Houve também proibições políticas, como quando a força de ocupação inglesa proibiu os escoceses de usar kilts, ou a recente proibição francesa do uso de símbolos religiosos nas escolas – que foi de fato uma proibição do uso do *hijab*.

As "pessoas comuns" (i.e., a classe trabalhadora) só foram atraídas para o domínio da moda no século XIX. Até então, haviam sido excluídas por razões econômicas, mas a rápida expansão da produção em massa, em que a introdução das máquinas de costura e de tricotar teve considerável papel, permitiu a produção de grandes quantidades de roupas relativamente complexas, que anteriormente tinham sido o privilégio da costura feita à mão. Isso abriu possibilidades inteiramente novas para o consumo de massa. Até então, as roupas eram extremamente caras.[5] O item mais valioso que uma pessoa das classes baixas esperaria herdar podia perfeitamente ser uma peça de vestuário. Em geral, as pessoas não possuíam mais que um conjunto de roupas. Isso mudou enormemente com a expansão da produção em massa, que tornou mais roupas facilmente acessíveis a mais pessoas. Essa "democratização" da moda não significou que todas as distinções foram apagadas, mas que quase todo mundo foi incorporado à interação social da moda. Enquanto o esforço para parecer distinto havia sido reservado antes aos escalões mais altos da sociedade, a produção em massa permitiu que as classes mais baixas também participassem dele. Desde então, essa tendência só se intensificou.

No século XIX, a produção e o consumo de massa se espalharam rapidamente. De lá para cá, este último assumiu, cada vez mais, a forma de consumo de símbolos, isto é, ocorre de modo a produzir uma identificação com aquilo que o item de consumo *representa*. Itens produzidos em massa constituem igualmente um recurso que permite a membros das massas elevarem-se acima de seus pares. Como os outros têm o mesmo interesse, observamos no consumo de massa uma tendência cumulativa que no futuro se intensificará com crescente velocidade (sujeita, naturalmente, às limitações que a situação econômica do momento pode impor). O desejo por itens de consumo simbolicamente poderosos torna-se então um mecanismo autoestimulador que é ao mesmo tempo causa e consequência de desigualdade social. Isso é em geral apresentado como o resultado de um efeito de "gotejamento", em que a inovação ocorre num nível mais alto e depois se espalha pelas camadas inferiores porque as classes mais baixas se esforçam para se elevar, o que as leva a estar sempre um passo atrás.[6]

Os primeiros rudimentos para uma teoria desse tipo já podem ser encontrados em *A teoria dos sentimentos morais* (1759) de Adam Smith:

> É em razão de nossa disposição para admirar, e consequentemente imitar, os ricos e os notáveis que lhes é possível estabelecer, ou

conduzir, o que chamamos de moda. A roupa que vestem é a roupa em moda; a linguagem que usam em sua conversa é o estilo em moda; o porte e as maneiras que exibem são o comportamento em moda. Até seus vícios e desatinos estão em moda, e a maior parte dos homens orgulha-se de imitá-los e assemelhar-se a eles nas próprias qualidades que os desonram e desgraçam.[7]

Um pouco mais tarde encontramos uma teoria relacionada em *Antropologia de um ponto de vista pragmático* de Kant, obra possivelmente influenciada pela de Smith, que foi traduzida para o alemão em 1770:

> É uma inclinação natural do homem comparar seu comportamento com o de alguém mais importante (a criança se compara com os adultos, o humilde com o aristocrata) para imitar seus modos. Uma lei de tal imitação, que praticamos para não parecer menos importantes que outros, especialmente quando não pretendemos obter nenhum lucro com isso, é chamada moda. Ela é portanto da ordem da vaidade, porque não há em sua intenção nenhum valor interno; ao mesmo tempo, é também da ordem da insensatez, porque por força da moda temos ainda uma compulsão a nos submeter servilmente ao mero exemplo que muitos na sociedade projetam sobre nós.[8]

Kant enfatiza o atraso, o fato de a moda ser usada "pelas categorias inferiores depois que os da corte a rejeitaram". Esse é o modelo básico efetivo que passou a dominar as teorias sobre a moda até os nossos dias.

Provavelmente a maioria das teorias de "gotejamento" posteriores foi inspirada mais pelo filósofo Herbert Spencer que por Kant. Spencer encontra as origens da moda em emblemas e outras coisas que simbolizam status, e salienta que essas características distintivas tendem a se espalhar, sendo adotadas por mais pessoas que aquelas que, estritamente falando, têm direito a elas.[9] Essa difusão é causada pelo fato de as classes inferiores possuírem uma tendência a tentar se elevar ao nível das classes mais altas assumindo suas características. Spencer, contudo, esperava que a moda desaparecesse a longo prazo com a democratização da sociedade. Seria possível, no entanto, contrariando Spencer, afirmar que o resultado desse "nivelamento democrático" será precisamente o oposto, que a destruição da hierarquia social tornará ainda mais importante para o indivíduo ser capaz de se destacar com a ajuda da moda – e não foi exatamente isso que aconteceu?

Spencer tinha uma visão otimista do futuro, considerando a modernidade um movimento rumo a uma sociedade cada vez mais racional. O sociólogo Thorstein Veblen não partilha sua visão, considerando a modernidade em grande medida uma orgia irracional de consumo. Por vezes a condenação do consumo moderno por Veblen é tão veemente que Jorge Luis Borges diz ter pensado que o livro dele sobre "a classe ociosa" era uma sátira quando o leu pela primeira vez.[10] Diz Veblen: "Essa exigência de novidade é o princípio subjacente de todo o difícil e interessante domínio da moda. A moda não exige fluxo e mudança contínuos simplesmente porque isso é tolice; fluxo, mudança e novidade são exigidos por força do princípio central da vestimenta – desperdício conspícuo."[11] Veblen afirma que, para alcançar posição social, não basta ter dinheiro e poder: isso tem de ser visível.[12] É uma questão de *mostrar* o status social que se tem, por exemplo, mediante o *consumo conspícuo*.[13] Tentamos superar os demais membros da nossa classe social e tentamos alcançar o nível da que está acima da nossa, imitando-a.[14] Em outras palavras, dois princípios estão em ação: o de *diferenciação*, dirigido às pessoas de nossa própria classe, e o de *imitação*, voltado para aquelas da classe acima da nossa. Veblen afirma que um ator social normalmente não tem o princípio do consumo conspícuo como um motivo explícito, e de modo geral se preocupa apenas em viver como lhe parece apropriado para uma pessoa de seu status social particular.[15] Não é exagero dizer que Veblen é crítico desse procedimento. Parece-lhe, entre outras coisas, que ele nos leva a confundir valor econômico e estético,[16] e, além disso, que o traje em moda é por natureza francamente feio, embora as pessoas sejam induzidas a acreditar que é bonito.[17] Veblen emprega a simplicidade e a funcionalidade como uma norma, acreditando que tudo que se desvia disso é feio e irracional, requerendo portanto uma explicação.

Como Veblen, Simmel não era otimista em relação ao futuro. Não há dúvida, porém, de que encontrou mais valor em sua própria época que Veblen, e sua teoria é consideravelmente mais sofisticada que a dele. A seu ver, não se trata apenas de uma questão de assinalar status social, mas de equilibrar necessidades e inclinações humanas opostas, como individualidade e conformidade, liberdade e independência.[18] Vista dessa maneira, a moda se torna um fenômeno singular em que "todas as principais tendências conflitantes da alma estão representadas".[19] Segundo Simmel, a moda não pode ser encontrada em sociedades em que o impulso socializante é mais forte que o de diferenciação, e em que não se formaram classes sociais. Essas sociedades, que chamou de "primitivas", caracterizam-se por estilos extremamente estáveis.[20] Se duram por um tempo longo demais, os estilos não podem ser chamados de "moda", já que moda pressupõe mudança. Para Simmel, todas as modas são por definição de classe, e são impelidas pelo fato de as classes mais altas rejeitarem uma tendência (e abraçarem outra) assim que as classes inferiores a imitam.[21] Segundo ele, quanto mais amplamente um artigo estiver sujeito a rápidas mudanças de moda, mais haverá necessidade de versões baratas dele, porque também será desejado – ainda que numa versão inferior – pelas massas, que inicialmente não têm meios para comprá-lo.[22] É precisamente a produção dessas versões mais baratas que vai promover a formação de uma nova moda, porque o item deixará de ser distintivo. Chegamos assim ao seguinte círculo: quanto mais depressa a moda se desenvolve, mais baratos os itens se tornarão, e quanto mais baratos os itens se tornarem, mais depressa a moda se desenvolverá. No ensaio "Moda" (1911), uma edição revista e abreviada de seu *A filosofia da moda*, Simmel disse que a moda sempre carrega sua própria morte dentro de si.[23] Seu objetivo é sempre ser definitiva para absolutamente todos os indivíduos em um grupo, mas se atingir essa meta ela morrerá, porque terá neutralizado então a oposição real entre conformidade e individualidade que é sua definição básica. A explicação clássica da difusão da moda é, portanto, que ela é criada no topo da sociedade e depois goteja sobre os estratos sociais inferiores. Outra obra importante neste contexto é *As leis da imitação* (1890), do sociólogo Gabriel de Tarde, para quem o desejo é composto de relações sociais que seguem certas "leis da imitação". Isso funciona principalmente através da imitação das classes mais altas pelas inferiores, mas Tarde enfatiza que a sociedade moderna confere maior flexibilidade à imitação, de tal modo que as classes mais altas podem também imitar as inferiores.[24] Nisto ele é mais perspicaz que Veblen e Simmel. Naquela altura, a imitação das classes baixas pelas superiores já vinha ocorrendo há algum tempo.

Um exemplo bastante eloquente desse desenvolvimento foi o que talvez seja o item de vestuário mais revolucionário na história humana: o terno masculino. Antes do século XIX, não havia nenhuma diferença essencial entre o vestuário de homens e mulheres da classe mais alta no que dizia respeito à ornamentação: esta era uma questão de classe, não de gênero. As diferenças existentes indicavam que os homens se vestiam mais suntuosamente que as mulheres. A industrialização e as mudanças econômicas e sociais a seu reboque, no entanto, criaram uma necessidade de roupas masculinas mais simples para a nova burguesia. A brilhante solução foi o terno, que pode ser considerado exemplar para o desenvolvimento subsequente da moda. Como Anne Hollander salienta, a moda masculina deu um salto radical para a era moderna, enquanto a moda feminina foi deixada para trás.[25] O terno assinalou a afiliação a uma nova era, assim como se distanciou de uma aristocracia que estava em vias de entrar num atoleiro histórico. Com o terno encontramos um item de vestuário em moda que faz o exato oposto de "passar de cima para baixo". Foi um traje da classe média que a classe alta passou a usar. Emergiram modas urbanas que suplantaram as modas aristocráticas. Há exemplos até anteriores de adoção de moda da rua por estratos sociais mais altos, como quando as roupas rasgadas usadas por soldados mercenários no século XVI começaram a ser adotadas, em versões sem dúvida mais refinadas, por classes mais altas – mas isso foi uma exceção.

O terno mudou surpreendentemente pouco durante os dois séculos em que esteve em uso. Esta é provavelmente uma razão importante para que a moda masculina tenha desempenhado um papel tão modesto na história.[26] Ela deu um salto tão gigantesco com o terno que parece não ter se desenvolvido muito desde então, ao passo que a moda feminina mudou constantemente, tornando-se assim mais interessante como objeto de pesquisa. Na realidade, a moda masculina também passou por um processo de mudanças constantes, mas estas foram muito mais sutis que as ocorridas na feminina no tocante a corte, cores e tecidos. O uso de gravatas e lenços variou muito. Os ciclos, porém, foram mais duradouros que na moda feminina, embora desde 1960 a moda masculina também venha se desenvolvendo mais rapidamente, sendo marcada por traços como o uso emergente de suéter de gola rulê em vez de camisa e gravata e a adoção de um corte mais justo. Nos anos 1970, a moda masculina começou a se tornar um campo atraente até para os maiores costureiros, como Yves Saint-Laurent. O terno estabeleceu uma norma, e grande parte do desenvolvimento da moda feminina desde então pode ser vista como uma aproximação gradual dela. Foi só nos anos 1920 que a moda feminina começou a "alcançar" a masculina, ficando mais próxima do estilo simples que era a norma para os homens havia cem anos. Até o século XIX, era mais comum que a moda masculina adotasse características da feminina do que o contrário, mas no caso do terno masculino a tendência se inverte. Como Hollander observa, a moda feminina não tinha basicamente nada de "moderno" – compreendido aqui como uma norma estética muito claramente realizada na arte e na arquitetura modernas – até que começou a imitar explicitamente a moda masculina no século XX.[27] Talvez se possa dizer que o objetivo foi alcançado com o smoking feminino de Yves Saint-Laurent em 1965. Desde então a distinção entre moda masculina e feminina tornou-se cada vez menos clara, no sentido de que passou a haver uma interação mais fluida entre elas. Ainda assim, continuam existindo certos itens de vestuário basicamente reservados para um gênero. Apesar de repetidas tentativas, até por Jean Paul Gaultier, de introduzir a saia masculina, ela continua sendo uma peça de roupa extremamente marginal. A retórica que cercou a moda masculina foi em grande medida um conjunto de negativas: que realmente não existe nada que possamos chamar de modas masculinas, que os homens não se vestem com base no estilo (mas apenas na funcionalidade), que os homens não são tão "vítimas" da moda quanto as mulheres.[28] Mas é claro que a moda masculina tem uma história, tal como a feminina, e os trajes dos homens têm sido regidos por normas tão rigorosas quanto os das mulheres. Talvez se possa até dizer que a moda masculina obedeceu a normas mais estritas durante os dois últimos séculos, porque os homens tiveram menos tipos de roupa entre os quais escolher.

É possível encontrar um desenvolvimento semelhante quando se trata de calças em geral. Sabemos que existiam calças compridas na Antiguidade, mas foi só a partir da Revolução Francesa que elas se tornaram moda. Os *sans culottes* (sem calções) se distanciavam da aristocracia e mostravam isso, entre outras coisas, rejeitando sua maneira de vestir. O *culotte* era uma peça de roupa habitual para a aristocracia e a classe alta no século XVIII. A princípio a expressão *sans culottes* foi usada pejorativamente, porém mais tarde ganhou um sentido positivo. Antes da Revolução, era aplicada ironicamente aos que não podiam comprar meias de seda e calções e por isso usavam calças (*pantalons*).²⁹ Com a Revolução, a moda das calças se espalhou, e na Inglaterra foi desenvolvida e refinada pelo dândi Beau Brummell, entre outros. A partir do momento em que chegou à classe alta, essa peça de roupa da classe trabalhadora passou a ser feita também de seda.

Esse desenvolvimento é similar ao processo que levou dos jeans comuns aos de grife.³⁰ Os jeans apareceram como uma peça de roupa da classe trabalhadora e depois subiram pela escada social. Vale a pena notar, contudo, que eles não passaram diretamente da classe trabalhadora para a classe média, mas fizeram um itinerário mais complicado.³¹ Depois dos trabalhadores, foram os artistas que usaram jeans, depois ativistas políticos de esquerda e gangues de motociclistas, algo que lhes deu um caráter de expressão de oposição ao *status quo*. Isso os tornou apreciados em culturas juvenis; como a juventude começara a se tornar uma norma estética, eles logo se espalharam para a classe média. Depois de serem aceitos pela classe média, os jeans perderam sua força "rebelde". Em vez disso, incorporaram-se num sistema de diferenciação. De início, foram um item de vestuário "igualitário". Andy Warhol louvou a Coca-Cola por ser um produto igualitário:

> Uma Coca é uma Coca e nenhuma quantidade de dinheiro pode conseguir pra você uma Coca melhor do que a que o vagabundo da esquina está tomando. Todas as Cocas são iguais e todas as Cocas são boas. Liz Taylor sabe disso, o presidente sabe disso, o vagabundo sabe disso, e você sabe disso.³²

Ele poderia ter dito a mesma coisa sobre os jeans, embora a emergência dos jeans de grife – Yves Saint-Laurent foi provavelmente o primeiro estilista a incluir a peça em sua coleção em 1966 – tenha mudado tudo isso: como os jeans tinham um apelo evidente fosse qual fosse a idade e a classe das pessoas, foi preciso acrescentar-lhes alguma coisa, em parte alterando seu design e em parte anexando-lhe uma marca. Há uma grande diferença simbólica entre jeans Matalan e jeans Versace. Assim, os jeans se tornaram um exemplo de uso do "estilo pobre" de uma maneira explicitamente cara. O "tubinho preto" da Chanel foi outro exemplo da mesma coisa. Karl Lagerfeld criou roupas de vison raspado e misturou pele genuína com pele sintética, numa variante extrema do que Veblen chamou de "desperdício conspícuo".

Portanto, quando examinamos a história da moda com mais atenção, a "teoria do gotejamento" se revela só parcialmente correta. Numa medida mais ampla, o movimento durante os últimos 40 anos se deu na direção oposta e talvez a expressão mais impressionante disso tenha ocorrido nos anos 1990, com estilos como o *"heroin chic"*, uma extensão do slogan de Yves Saint-Laurent: "Abaixo o Ritz – viva a rua!" É igualmente um fato que os que ocupam uma posição relativamente segura nos escalões superiores da sociedade têm se mostrado, em geral, menos preocupados em seguir as últimas modas que aqueles com uma posição menos bem-estabelecida nesses estratos. Os recém-chegados têm aparentemente mais necessidade de se distinguir que os já estabelecidos. Desse ponto de vista, o fator "gotejamento" não se aplica ao estrato realmente superior – não é aqui que os maiores inovadores foram encontrados. Podemos confirmar apenas que ocorreu considerável inovação também nas classes mais baixas, inclusive na forma de alterações por vezes importantes de modas das classes mais altas.

A inovação em outros estratos sociais foi obscurecida, contudo, pelo fato de as histórias da moda em geral falarem muito sobre o que esteve em moda na classe alta no passado, mas consideravelmente menos sobre que tipos de roupas eram usados pelas classes inferiores. Houve uma tendência a focalizar a alta-costura (alta moda), que é depois considerada a norma para as modas. Nas últimas décadas, porém, tornou-se cada vez mais usual incluir todo o espectro, desde a moda produzida em massa até a alta-costura.[33] E não podemos descrever a relação entre as várias partes da moda dizendo simplesmente que ela começa no alto e depois "goteja" sobre as camadas inferiores. No século XIX, houve uma difusão bastante limitada para as classes sociais mais baixas das roupas que a classe alta considerava em moda.[34] A classe trabalhadora pouco imitava as roupas usadas pelas classes mais altas, e quando o fazia as peças costumavam ser radicalmente alteradas para se tornarem mais funcionais. No conjunto, parecia que a funcionalidade era mais importante que aquilo que as classes sociais mais altas poderiam definir como estando na moda. Isso não significa, é claro, que as questões de gosto não tivessem importância para a escolha de roupas nas categorias mais baixas da sociedade, mas era um gosto diferente. Em geral, a classe trabalhadora tinha o que o sociólogo Pierre Bourdieu chamou de "o gosto da necessidade", que se caracteriza pela funcionalidade.[35]

Por que, então, Veblen e, de maneira ainda mais óbvia, Simmel acreditaram que as classes mais baixas adotavam o estilo da classe alta, mesmo que com certo atraso? Provavelmente porque os membros da classe trabalhadora realmente *visíveis* tinham um tipo de emprego que os punham em contato com as classes média e alta e podiam ser observados na paisagem urbana.³⁶ Estamos falando de pessoas como artesãos, lojistas e criados – que se vestiam "melhor" que a maioria dos outros trabalhadores –, mas só numa medida limitada de operários e congêneres. Como muitos outros, Simmel generalizou para a classe trabalhadora como um todo baseado numa seção limitada com que realmente entrava em contato, mas essa generalização foi em parte enganosa. O que está certo na teoria de Simmel é que a partir da segunda metade do século XIX houve, em certa medida, menos diferenças visíveis entre as roupas usadas pelas várias classes sociais que antes. Outra razão importante foi que, à medida que o século avançava, tornou-se cada vez mais comum que uniformes e roupas associadas a ocupações específicas substituíssem trajes normais, de modo que o status social de uma pessoa era claramente indicado pelas roupas que usava. Isso pode ser visto, sem dúvida, como uma estratégia usada pela classe alta para tornar visível a "posição" ocupada pelo indivíduo, neutralizando o incipiente apagamento das diferenças entre as roupas das várias classes. A teoria de Simmel não é obviamente errônea, mas o quadro era muito mais complexo do que ele supôs.

Ainda que tenha tentado se distanciar da teoria de Veblen, entre outras, Bourdieu segue em grande medida o mesmo modelo. Ele enfatiza que a força propulsora por trás do consumo simbólico não é principalmente a imitação das classes mais altas pelas mais baixas, mas sim as estratégias de diferenciação usadas pelas classes mais altas em relação às mais baixas.³⁷ Descreve como a aquisição de um objeto estético, quer seja uma pintura ou roupas em moda, faz com que o objeto seja transformado "numa negação reificada de todos aqueles que não são dignos de possuí-lo, por lhes faltarem os meios materiais ou simbólicos necessários para adquiri-lo".[38] Para Bourdieu, gosto é basicamente uma categoria negativa, uma determinação que opera através da negação e da exclusão. Segundo ele, o chamado "gosto requintado" tem a *"aversão* como princípio subjacente".[39] Quando é preciso justificá-lo, isso é feito mediante a rejeição de um outro gosto. A determinação do "bom" gosto é conseguida através da rejeição do que é "mau". Bourdieu descreve gosto como "um senso social de lugar".[40] Além de permitir orientarmo-nos no espaço social, esse senso nos atribui um lugar particular nele.

Nesse aspecto, Bourdieu concorda amplamente com Veblen e Simmel, que consideram a moda uma invenção da classe alta, cujos membros visam com isso criar uma distinção entre si mesmos e as classes mais baixas.[41] O próprio Bourdieu afirma que suas análises do gosto nada têm a ver com a teoria de Veblen porque para este os atores buscavam distinções deliberadamente, ao passo que para ele, Bourdieu, isso ocorre basicamente num nível pré-consciente.[42] Mas provavelmente a diferença não é tão grande quanto Bourdieu sugere. Embora Veblen afirme que em geral um ator não é explicitamente motivado pelo princípio do consumo conspícuo,[43] é preciso admitir que muitas vezes ele se expressa de tal modo que o consumo conspícuo parece ser precisamente uma intenção consciente.[44] Apesar de tudo, o modelo de difusão de Bourdieu parece ser basicamente igual ao de Veblen: à medida que é pouco a pouco imitado pela classe baixa, o vestuário da classe alta perde sua exclusividade e tem de ser substituído por novas modas que possam funcionar como marcadores de classe. Portanto, a classe alta torna-se a força propulsora no desenvolvimento da moda, enquanto as classes mais baixas são copiadores passivos, adotando as modas da classe alta para tentar se identificar com ela. A classe média funciona como um elo de ligação: à medida que se esforça por ascender, puxa consigo a classe baixa da qual está tentando se distinguir.[45]

Mas Bourdieu difere de Veblen num aspecto importante. Para este último, tudo depende em última análise do capital econômico. O capital "simbólico" só é importante como evidência do capital econômico. Bourdieu inverte isto e transforma o capital econômico num caso especial do capital simbólico.[46] Precisa fazê-lo, entre outras razões, para ser capaz de explicar o fato de que há artistas que não têm capital econômico e não fazem nenhuma tentativa de converter seu capital cultural em capital econômico – aqueles que declaram que se distanciam de todo o campo econômico.[47] O que poderia explicar esse comportamento caso só o capital econômico pudesse, em última análise, trazer a salvação? Bourdieu teria ou de se deter aí sem nenhuma explicação para esse tipo de gosto e produção estética, ou de introduzir um tipo de gosto que exige uma explicação separada. Isso seria equivalente a introduzir um tipo de "gosto inerente", precisamente o que ele se propôs a contestar. Mas admitindo que o capital econômico é apenas um exemplo do capital simbólico, ele pode incorporar práticas que não dão nenhum retorno econômico, nem têm qualquer ambição de fazê-lo. Em suma, diferentemente do que Veblen acreditava, o "bom" gosto em Bourdieu dá um retorno ao ser expressão de uma afluência que é não só um indicador de prosperidade econômica, mas também mais cultural por natureza. Como Bourdieu salienta, todas as formas de capital estão expostas à inflação. O valor distintivo dos objetos declina constantemente à medida que um número cada vez maior de pessoas se apossa deles. Todo capital é relacionalmente determinado no sentido de que o valor de qualquer coisa depende do que os outros têm. Para que algo tenha um valor alto é imperativo que outros não o possuam. Uma coisa pode ter valor simplesmente por haver uma escassez. É por isso que é importante fazer distinções. Poderíamos dizer que o objetivo da distinção é *criar* uma escassez, de modo que outros sejam excluídos, pois somente excluindo outros pode alguém se apossar de valores simbólicos.

Há padrões sociais de gosto e eles estão corporificados no que Bourdieu chama de *"habitus"*. Este é "um sistema de *esquemas personificados*, formados no curso da história coletiva, que foram adquiridos no curso da história individual, e que operam *de uma forma prática e para uma finalidade prática"*.[48] O *habitus* faz a mediação entre o campo social e o corpo humano:

> Um tipo de *habitus* (ou um tipo de gosto) corresponde a cada classe de posições, causado pelo condicionamento social que está ligado às condições correspondentes. E às várias formas de *habitus* e sua capacidade de produzir características corresponde uma unidade sistemática de bens e características ligados uns aos outros por uma afinidade estilística.[49]

Segundo Bourdieu, o *habitus* leva a "escolhas sistemáticas no campo da ação (uma de cujas dimensões é composta pelas escolhas normalmente consideradas estéticas)".[50] Isto se aplica a divisões sociais como as de classe, gênero, cidade e subúrbio, educação elementar e superior. Gosto é parte da construção que atores sociais realizam de si mesmos e do que os cerca.

Esta é uma parte importante do modo como uma pessoa com um gosto particular é percebida por outros árbitros:

> O gosto classifica, e classifica a pessoa que classifica: os sujeitos diferem uns dos outros no modo como distinguem entre o belo e o feio, o requintado e o comum ou vulgar, e através dessas distinções a posição que os próprios sujeitos ocupam dentro de classificações objetivas é expressa ou revelada.[51]

É crucial para a análise de Bourdieu que existam relações sociais *objetivas* (i.e., verdadeiras), mesmo que os atores no campo da ação não tenham se dado conta da sua existência. Trata-se de estruturas sociais que determinam as ações individuais e as preferências das pessoas, mas sem que estas precisem tomar consciência delas. O que Bourdieu chama de *habitus* nos permite acreditar que escolhemos o que de fato nos foi imposto. A coisa parece ter sido livremente escolhida, mas na realidade é um reflexo bastante direto de uma afiliação de classe objetiva. O gosto supostamente autônomo é portanto, para Bourdieu, tudo menos autônomo. A seu ver, ele é acima de tudo um produto e um indicador de afiliação de classe:

> À hierarquia socialmente reconhecida de formas de arte – e sucessivamente, dentro de cada uma destas, de gêneros, escolas e épocas – corresponde uma hierarquia de consumidores. É por isso que gosto é um marcador particularmente bom de "classe". Várias formas de adquirir gosto continuam a existir em maneiras de usar o que foi adquirido.[52]

A partir dessa perspectiva mais sociológica, a ideia de autonomia do gosto será bastante ilusória. Aqui, gosto é muito simplesmente uma função de afiliação de classe (ou um desejo disso). Em estética filosófica, ele é muitas vezes declarado uma entidade autônoma. Isto talvez seja particularmente óbvio em Kant, na medida em que o gosto autônomo, ou "livre", se preferirmos, é considerado adequado. Bourdieu, por outro lado, afirma que o gosto não é de maneira alguma escolhido livremente. É verdade que fazemos escolhas estéticas, mas, na visão de Bourdieu, a escolha entre Matalan e Prada é uma escolha *compulsória*. Considerações econômicas obrigam a pessoa com poucos recursos econômicos a comprar uma roupa Matalan – e a pessoa em questão provavelmente terá uma genuína convicção de que Matalan tem roupas melhores que Prada. Da mesma maneira, alguém com muitos recursos econômicos será forçado a escolher Prada ou alguma outra grife "exclusiva". Quando o gosto é reduzido exclusivamente a um produto de campos sociais, porém, surgem problemas. Experimentamos o gosto como algo extremamente pessoal. Como La Rochefoucauld observou já em meados do século XVII, a rejeição de nosso gosto fere mais o nosso orgulho que a de nossas opiniões. É pior ouvir que nossas roupas são feias do que ter nossas ideias sobre política econômica nacional tachadas de confusas.

Bourdieu acredita ter refutado a objeção de que o gosto é algo "pessoal" por meio de seu conceito de *habitus*. O condicionamento social está "inscrito no corpo", que por sua vez é um portador de valores:

A diferença só pode se tornar um sinal – e um sinal de *distinção*, de excelência (ou vulgaridade) – com base num princípio particular para a visão e a divisão das coisas. E esse princípio é a personificação da estrutura de diferenças objetivas ... e daquelas que atribuem valor a um ou a outros.[53]

Gosto não deve ser compreendido aqui como algo "inerente", mas como algo cultivado através do disciplinamento social. É uma questão de estruturas sociais que determinam as ações e preferências individuais das pessoas, mas sem que estas tomem necessariamente consciência delas. Normalmente, *não* tomam.

Em muitos aspectos Bourdieu adota uma perspectiva em que o gosto precisa ser explicado com base no princípio diferenciador das classes, e em que a moda é impelida por essa diferenciação. Um problema fundamental com relação a essas análises, porém, é que elas são fortemente ancoradas num conceito de classe que basicamente não opera mais. A questão é, em particular, que Bourdieu pressupõe um tipo de espaço uniforme, distinto e objetivo, em que o capital cultural funciona como uma espécie de meio de troca universalmente aceito. Mas esse espaço objetivo praticamente não existe. Bourdieu admite que distinções culturais são expressas de diferentes maneiras em diferentes campos, mas mesmo assim acredita que há um tipo de princípio organizacional objetivo que pode explicá-las. "Classe" se torna uma categoria essencial que pode absorver todas as outras diferenças como idade, gênero, raça e etnicidade. É duvidoso que o conceito de classe possa suportar tamanha carga. Ademais, torna-se incômodo lidar com distinções pequenas, locais e internas como as subculturas a partir de uma perspectiva dessas, já que o gosto nas classes mais altas muitas vezes não ajudará em nada a compreendê-las. Estamos lidando aqui com gosto como um importante fator *interno* da subcultura individual.

A emergência do individualismo moderno, em que o gosto se torna cada vez mais uma preocupação individual e os conceitos de classe esgotaram em grande medida seu papel, faz com que a perspectiva de Bourdieu perca grande parte de sua força explanatória. Quando o gosto não faz mais de mim um membro de um grupo social, mas, ao contrário, serve para mostrar quem sou eu como um indivíduo completamente único, provavelmente será preciso usar outras teorias que não a de Bourdieu. Continuará, é claro, havendo diferenças de gosto, mas estas serão mais individuais que orientadas pela classe. Na medida em que elas são expressas em grupos, estes dificilmente podem ser ordenados num espaço social mais geral. O que encontramos, em vez disso, é uma pluralidade de agrupamentos parcialmente sobrepostos sem qualquer ordem hierárquica. E nessa pluralidade não há um grupo único capaz de impor seu gosto como o mais legítimo, como o verdadeiro "padrão de gosto". Em suma, temos um espaço social em que é possível fazer distinções, e essas distinções podem certamente resultar em capital cultural e social – mas esse capital não pode ser incorporado numa hierarquia social objetiva.

Um problema presente em todos os modelos que pretendem explicar a moda com base na diferenciação de classe, segundo os quais as mudanças são impelidas pelas classes sociais mais altas porque a moda é diluída por imitações nas classes mais baixas, é que o fluxo horizontal de "novos" objetos que substituem os "velhos" é muitas vezes mais rápido que a difusão vertical para outros estratos sociais. A substituição no nível horizontal, portanto, se desenvolve de maneira relativamente independente da imitação vertical. Além disso, já salientamos que a imitação vertical não é apenas um "gotejamento" de cima para baixo. Talvez se possa afirmar que ela antecipa a imitação e tenta impedi-la, já tendo deixado de lado o que se prevê que será imitado. Mas isto parece um argumento *ad hoc*. Bourdieu enfatiza que seria ingênuo "não notar que as modas, no que diz respeito a vestuário e cosméticos, são um elemento completamente essencial numa forma de supremacia".[54] É também possível objetar contra Bourdieu que, embora a luta por tal posição social seja sem dúvida parte do campo da moda, é enganoso afirmar que isso poderia explicar a origem desta. Ela surgiu primeiramente no seio de uma elite social que não precisava se preocupar em excesso com seu status, precisamente por já ocupar uma posição proeminente.

O sociólogo Herbert Blumer foi um dos primeiros críticos da teoria que busca explicar o desenvolvimento da moda com base na diferenciação de classe:

> Os esforços de uma classe de elite para se diferenciar na aparência não são a causa do movimento da moda, mas ocorrem dentro dele. O prestígio de grupos de elite, em vez de estabelecer a direção do movimento da moda, só é eficaz na medida em que esses grupos são reconhecidos como representando e retratando esse movimento. As pessoas de outras classes que seguem conscientemente a moda o fazem porque ela é a moda e não por causa do prestígio distinto do grupo de elite. A moda morre não por ter sido rejeitada pelo grupo de elite, mas por ter dado lugar a um novo modelo mais de acordo com o gosto em desenvolvimento.

O mecanismo da moda aparece não em resposta a uma necessidade de diferenciação e emulação, mas em resposta a uma necessidade de estar na moda, de estar em dia com o que é bem-visto, de expressar novos gostos que estão emergindo num mundo em mudança.[55]

Para Blumer, portanto, a explicação reside não na diferenciação de classes, mas numa espécie de gosto coletivo e cambiante com que a pessoa consciente da moda deseja se manter em dia, ou que gostaria mesmo de antecipar. Enquanto Veblen, Simmel e Bourdieu situam a diferenciação de classe antes do processo da moda e consideram que esta simplesmente reproduz aquela, a perspectiva de Blumer sugere que uma elite é constituída pelo próprio processo efetivo da moda: a moda se desenvolve segundo sua própria lógica, e a "elite" consiste nos que conseguem explorar esse desenvolvimento mais depressa que outros, e assim criar o próprio status mantendo-se em dia com seu tempo. A ideia de seleção coletiva tem a vantagem de permitir uma visão equilibrada da difusão da moda. Como salientei, a moda – em especial nos últimos 40 a 50 anos – *não* seguiu um modelo de difusão de cima para baixo. O problema com a teoria de Blumer é que ela é tão vaga que não possui praticamente nenhuma força explanatória.[56]

A teoria de Blumer chega perto de se referir a uma espécie de espírito da época (*Zeitgeist*), e há vários teóricos que atribuem explicitamente aos lançadores de tendências mais bem-sucedidos uma capacidade especial de captar esse espírito – e realmente de antecipá-lo.[57] Até o historiador Eric Hobsbawm escreveu: "Como certos lançadores de tendências brilhantes, um grupo que é notoriamente difícil analisar, são por vezes mais capazes de prever as formas do futuro que prognosticadores profissionais é uma das questões mais obscuras da história – e para o historiador da cultura, uma das mais centrais."[58] O problema é que é notoriamente difícil definir com precisão o "espírito da época", em especial quando as modas mudam tão depressa quanto nas últimas décadas, e quando um ciclo de moda pode ser tão breve que mal dura uma estação. A referência a um espírito da época teria soado mais plausível se os ciclos da moda durassem tanto quanto no passado. Talvez possamos afirmar que o "espírito da época" de hoje é um pluralismo irrestrito com mudanças extremamente rápidas, e que isto se reflete na moda atual. O problema é que isso não explicaria por que, apesar de tudo, muitas vezes há certa coincidência entre os estilos de vários estilistas durante uma estação. Seria mais previsível que as modas se expandissem, portanto, em todas as direções. Ademais, embora possamos certamente acreditar que os acontecimentos mais centrais dos últimos tempos – como a queda do muro de Berlim, o genocídio na Bósnia ou a luta contra o terrorismo após 11 de setembro de 2001 – foram uma parte importante do "espírito da época", é difícil afirmar que tiveram qualquer impacto perceptível sobre a moda, ainda que tenha havido referências esporádicas a uniformes militares etc. Em resumo, a referência a um espírito da época não é satisfatória como explicação para o desenvolvimento da moda.

Uma explicação realmente banal de por que as modas mudam seria que os ateliês estão, em grande medida, simplesmente seguindo o que os chamados "prognosticadores da moda" de Paris e Londres disseram sobre o que, a seu ver, seria "in" dentro de um ou dois anos, ajudando assim a assegurar que essas profecias promovam a sua própria realização.[59] Quando essas previsões são coincidentes, vemos uma convergências nas modas lançadas pelos diferentes ateliês, e quando elas divergem, há uma correspondente diversidade. Que base "científica" têm esses prognosticadores para suas profecias é, evidentemente, uma outra questão. Contanto que possam fornecer profecias que asseguram o próprio cumprimento, seu direito de existir fica garantido no que tange à indústria da moda.

Podemos distinguir hoje três categorias principais na moda: de luxo, industrial e de rua.[60] A de luxo pode ser encontrada na extremidade mais alta do espectro de preços e é feita sob medida – sua seção mais dispendiosa é a alta-costura. A industrial é produzida em massa, mas vai desde roupas caras de estilistas até as roupas baratas das cadeias de lojas. A de rua é criada a partir de várias subculturas. Há também transições muito gradativas entre essas três categorias. Muitas vezes, o que começa numa subcultura passa a ser produzido de maneira limitada dentro dela, mas pode se expandir depois como moda industrial e mais tarde ser adotado pela moda de luxo – ou vice-versa. Como a alta-costura está saindo cada vez mais do mercado – hoje só restam cerca de 2 mil clientes no mundo e cerca de 4.500 empregados –, parte das roupas prêt-à-porter adquiriu um status (e um preço) reservado anteriormente à alta-costura. Muitos dos costureiros mais famosos de hoje trabalham exclusivamente com prêt-à-porter e abandonaram a alta-costura. Enquanto anteriormente a roupa produzida em massa costumava consistir em versões aguadas e atrasadas da "verdadeira" moda (alta-costura), a partir dos anos 1960 o prêt-à-porter começou a se impor como a moda "adequada", ainda que produzida em massa. Em vez de representar a ponta de lança das tendências, a alta-costura começou a ficar para trás. Quando as calças foram finalmente incluídas em coleções de alta-costura feminina, elas já estavam tão difundidas que, na moda industrial, produziam-se mais calças do que saias para mulheres. É claro que grande parte da alta-costura foi também criada com a intenção de estar na dianteira. A moda de vanguarda criada dentro de amplas seções da alta-costura tornou-se cada vez mais espetacular, mas ao mesmo tempo passou a ter cada vez menos influência sobre o resto do campo. Coleções de costureiros como Jean Paul Gaultier e Rei Kawakubo contestaram ideais de beleza muito difundidos, mas isso só influenciou em pequena medida as roupas que são realmente usadas. E quando esses costureiros fazem moda de massa – como as camisas de Kawakubo para Fred Perry em 2004 –, os itens costumam ser extremamente convencionais. Afirma-se que o glamour retornou agora à alta-costura, depois que ela se dedicou ao oposto durante toda a década de 1990 – embora não haja nenhum sinal forte disso na moda de massa. A alta-costura simplesmente não está mais em condições de prescrever o que é "in" e o que é "out".

Anteriormente havia muito mais consenso entre os estilistas e um modelo mais centralizado, em contraste com a produção de moda mais descentralizada e diferenciada de hoje. Havia muito menos costureiros "importantes", e havia muito mais acordo entre eles no tocante a matérias como corte, cores e comprimento das saias para uma dada estação. Naturalmente, como os costureiros disputavam entre si o poder de fixar padrões, havia também variações, mas suas coleções eram muito mais semelhantes do que se vê na alta-costura mais recente. Era possível dizer que havia um centro (Paris) que definia uma norma e que somente aqueles que vestiam roupas em conformidade com ela estavam "na moda". Esse consenso praticamente desapareceu nas últimas décadas, e a noção de que há apenas uma norma para a moda sucumbiu. Em vez disso, há muitos centros de moda menores e muitas normas. Foi precisamente essa dispersão que deu origem a uma demanda por agências preparadas para prever como as tendências se desenvolverão. A informação que elas fornecem para os ateliês de moda pode ajudar a explicar por que as modas se conformam muitas vezes à mesma tendência durante uma estação, ainda que os estilistas estejam muito mais dispersos que antes.

O desafio para os consumidores está não em ter roupas "na moda", mas em decidir que estilo querem seguir. Não é verdade que "tudo é permitido". O que há de fato é uma pluralidade de normas existindo lado a lado. Tomadas separadamente, elas podem ser tão rigorosas quanto antes – ainda que as referentes às roupas tenham se tornado um pouquinho mais frouxas –, mas agora, numa medida muito maior que antes, o indivíduo pode saltar de uma norma para outra e por vezes usar roupas que atravessam várias delas. Certos contextos, no entanto, ainda impõem restrições severas. Não compareceremos a uma audiência com o monarca vestindo camiseta e jeans esburacado, e nos locais de trabalho muitas vezes imperam regras de vestuário relativamente rigorosas. A maioria das pessoas costumava usar algum tipo de uniforme no trabalho, fosse um macacão ou roupa protetora "na oficina", ou terno e gravata (ou traje formal) no escritório (operários e colarinhos-brancos). À medida que cresceu o foco na "criatividade" e na "individualidade" – duas palavras que parecem ser os mantras de nossa época –, essas normas tenderam a se tornar muito mais frouxas. Nos anos 1990, por exemplo, a "sexta-feira informal" se popularizou, com o terno sendo deixado no armário e as pessoas indo trabalhar com roupas descontraídas. O curioso, contudo, é que as regras para esse traje supostamente informal eram tão rigorosas quanto as que regiam as roupas nos outros dias. Todo mundo estava pronto para sair de folga da mesma maneira, com o mesmo tipo de calça, camisa e paletó. Não teria sido tolerável aparecer vestindo um *legging* ou um conjunto de moletom desbotado, embora sejam essas realmente as roupas que costumam ser usadas nos fins de semana. O que se fez foi apenas substituir um código de vestuário por outro, um pouco mais livre que o imposto nos demais dias de trabalho.

Gilles Lipovetsky escreve: "Após o sistema monopolista e aristocrático da alta-costura, a moda chegou ao pluralismo democrático das etiquetas."[61] Não é absurdo afirmar que ela se tornou mais democrática – mas não se tornou igualitária. Embora não seja possível ordenar as marcas numa hierarquia estrita, e o valor simbólico delas varie de ano para ano, algumas gozam inegavelmente de uma reputação mais alta que outras no sistema da moda. Paul Smith, por exemplo, tem mais prestígio que Batistini no que se refere a ternos masculinos. Não é tampouco simples perceber a que grupo ocupacional ou classe social uma dada pessoa pertence. Um século atrás, era relativamente fácil distinguir diferentes grupos ocupacionais na rua. Era óbvio quem era trabalhador braçal, criado, empregado de escritório etc., e era ainda mais óbvio quem pertencia à classe alta. Hoje essa é uma tarefa difícil, mesmo que seja bastante óbvio que uma pessoa com um cinturão de ferramentas provavelmente é um operário e uma que enverga um terno Paul Smith quase certamente não está à procura de emprego.

Hoje, no entanto, os padrões de difusão seguem mais a idade que a renda e os bens: a moda começa com os consumidores mais jovens e depois se espalha entre os mais velhos. Poderíamos dizer que essa tendência teve início já no período romântico, quando a ênfase no "natural" levou a um movimento rumo a um vestuário mais simples, antes reservado unicamente às crianças (e às classes sociais mais baixas). Crianças cada vez mais novas usam modas "adultas", e os adultos estão, cada vez mais, usando modas "jovens". Desde os anos 1980, em particular, tornou-se difícil distinguir entre os vários grupos etários. Se vivemos numa cultura instantânea, não é muito surpreendente que nossos ideais sejam copiados de algo eminentemente em progresso e inacabado: a juventude. Ao mesmo tempo, a "juventude" está sempre sendo esticada, de modo que, cada vez mais, se torna um estado permanente em vez de uma fase de transição. O termo "juventude" está deixando de designar um grupo de idade particular para designar uma "atitude" diante da vida.

A difusão não obedece a nenhum princípio distinto e se dá mais no interior de vários segmentos que de um segmento para outro por "gotejamento". Se examinamos as modas nas categorias de preço mais baixo, encontramos agora itens de vestuário que foram criados de maneira mais ou menos independente e não são cópias inferiores de modas mais caras.[62] O mercado de massa tornou-se também individualizado. Artigos produzidos em massa são, cada vez mais, lançados em muitas variantes, com diferentes acessórios que oferecem um grande potencial de combinações, de modo que cada consumidor pode criar sua expressão "individual". Isso neutraliza a oposição entre produção em massa e individualidade. A partir disso, a moda se torna mais uma questão de escolha individual que de obediência às instruções de um centro particular. Por outro lado, é possível perguntar em que medida essas escolhas são realmente individuais quando as grandes cadeias de lojas são responsáveis por três quartos da renovação do estoque de roupas, comprando e produzindo peças com base na informação dos mesmos prognosticadores de moda.

É provável que seja inútil tentar encontrar um "algoritmo" para as mudanças na moda, quer em relação ao vestuário, quer em relação a outros fenômenos, ainda que várias tentativas nesse sentido tenham sido feitas. Lipovetsky declara que a mudança na moda não pode ser derivada de um único princípio de difusão. É mais provável que a novidade tenha uma força de atração em si mesma e não precise ser explicada com base num mecanismo de distinção social.[63] Como vimos no Capítulo 2, temos razões para duvidar que a moda continue sendo capaz de proporcionar algo de "novo". Terá ela então alguma outra característica? Será capaz, por exemplo, de funcionar como um meio de comunicação?

4. Moda e linguagem

Pela primeira vez ela pensou a sério sobre roupas. Afora calor, proteção e decência, qual era a ideia das roupas exatamente?... É claro que a ideia era expressar alguma coisa por meio da forma e da cor. Mas expressar o quê? Será que as roupas diziam apenas "Olhe!"? Dinheiro e sexo pareciam ser as principais mercadorias em oferta aqui. Roupas podiam negar ou afirmar qualquer dessas duas coisas. Mary especulou sobre o que suas próprias roupas podiam ter a dizer sobre os tópicos dinheiro e sexo. Podiam expressar a falta de um e o simples desconcerto diante do outro? Sim, mas não era isso que as roupas estavam empenhadas em fazer; não era essa a sua especialidade, não era o que estavam ávidas por expressar. As roupas se mostravam interessadas em outras coisas, em abundância e *savoir-faire*. Obliquamente, e talvez inadvertidamente, elas também faziam uma terceira coisa: contavam às pessoas sobre a alma que encerravam, dramatizando as mentiras que tentamos contar sobre dinheiro e sexo...

MARTIN AMIS[1]

SÍMBOLOS SÃO CENTRAIS PARA TODA CONFORMAÇÃO de identidade, quer se trate de um crucifixo, um *piercing* ou um traje nacional. Esses símbolos têm de *significar* e ajudar a dizer alguma coisa sobre a pessoa que os usa. Certas cores, por exemplo, estão associadas a simpatias políticas, como a combinação de vermelho e preto ao anarquismo. Em sociedades do passado

– inclusive as feudais – os códigos de vestuário eram relativamente estáveis, sendo capazes de comunicar a identidade social de quem usava certos trajes de maneira bastante inequívoca. Grande parte dessa estabilidade, porém, desapareceu com o advento da modernidade, e o vestuário se tornou um indicador menos claro da identidade de uma pessoa.[2] Durante o século XVIII tornou-se cada vez menos usual dar a peças de roupa motivos decorativos com um significado específico, tendo a ênfase passado a incidir mais sobre o corte e a textura. Mas, embora as roupas não forneçam mais indicações tão claras da identidade de quem as usa, ainda tiramos conclusões sobre os outros com base nelas. Se vemos uma pessoa com um traje completo de sadomasoquista, supomos que ela tem preferências sexuais que se situam nessa área. E se vemos um homem que parece ter saído de uma gravura de Tom of Finland (Touko Laaksonen), vamos supor que é gay. Se vemos um líder político de uniforme militar, deduzimos que dirige um grupo ou Estado extremamente militarizado. Estas são roupas com altos valores simbólicos, mas o quadro fica mais complexo porque a moda de massa absorveu elementos do vestuário militar, fetichista e gay, e essas roupas passaram a ser usadas também por pessoas cuja identidade não corresponde de maneira alguma à origem delas. Embora certos tipos de roupa comuniquem algum significado muito claramente, pelo menos para grupos específicos capazes de interpretar os códigos, não se pode dar por certo que *todas* elas comuniquem significados dessa maneira.

Talvez a tentativa mais extrema (e menos convincente) de considerar as roupas como uma linguagem seja encontrada em *A linguagem das roupas,* de Alison Lurie. Como a autora salienta no início do livro, para constituir uma linguagem as roupas devem compor um vocabulário e ter uma gramática.³ Segundo ela, em princípio esse vocabulário é pelo menos tão grande quanto o de todas as línguas faladas, "pois inclui todos os artigos de vestuário, penteado e decoração do corpo já inventados". Além disso, o vestuário compreende um grande número de dialetos, sotaques, arcaísmos, palavras emprestadas e gírias. Em outras palavras, a analogia com a linguagem é levada realmente muito longe. Segundo Lurie, há uma relação proporcional entre o número de itens de roupa que uma pessoa tem e a quantidade de coisas que ela é capaz de expressar visualmente, porque as roupas são nosso vocabulário visual.⁴ Assim, uma pessoa com um guarda-roupa pequeno pode expressar apenas poucas mensagens através das roupas, ao passo que uma interessada em moda e com um vasto guarda-roupa é capaz de expressar muitas mensagens diferentes. Mas não há razão para acreditar que isso seja verdade. A maioria das roupas comunica tão pouco que mesmo um vasto guarda-roupa não comunicará grande coisa, sendo portanto duvidoso que devamos atribuir ao escravo da moda maior capacidade visual de comunicar que, por exemplo, uma pessoa que tem apenas poucos itens de vestuário mas que indica com eles uma clara afiliação subcultural.

Lurie afirma ainda ter encontrado equivalentes de "defeitos psicológicos de fala" nas roupas:

> Ouviremos, ou melhor, veremos, a maneira repetitiva de um homem que sempre usa o mesmo paletó ou par de sapatos, seja qual for o clima ou a ocasião; o ceceio infantil da mulher que se aferra aos babados e fitas de sua infância; e aqueles embaraçosos

lapsos da fala – ou melhor, da roupa – cujos exemplos clássicos são o zíper aberto e o descuido que se torna um erro social. Notaremos também os sinais de aflição interior mais temporária: a "voz" alta demais ou estridente que exaure nossos olhos em vez de nossos ouvidos com cores berrantes e padrões conflitantes, e o equivalente insípido e incolor da incapacidade de falar acima de um sussurro.[5]

Essas analogias não são particularmente convincentes, e a maneira demasiado direta como Lurie interpreta tudo aproxima-se muitas vezes da paródia não intencional, como quando ela afirma que uma gravata de cores vivas expressa virilidade, ou que um sacerdote sem gravata foi "simbolicamente castrado".[6]

Todo o livro de Lurie é baseado numa analogia frouxa entre vestuário e linguagem, mas a analogia pretende ser mais que isso, afirmando que vestuário *é* linguagem,[7] embora não haja em nenhum lugar no livro qualquer tentativa de justificar essa afirmação. Ela permanece simplesmente uma asserção solta, sustentada apenas por uma série de analogias, muitas delas extremamente duvidosas. Lurie não forneceu de maneira alguma uma *teoria* sobre como deveríamos considerar as roupas uma linguagem. É óbvio que as roupas comunicam alguma coisa, mas o quê? Não podemos dizer que elas expressam uma *mensagem* como se isso fosse evidente. O sociólogo Fred Davis faz referência a uma tira cômica publicada em *The New Yorker*, em que o personagem Rhonda Perlmutter III usa um chapéu com os dizeres "Minha comida favorita é atum", uma bolsa com os dizeres "Um dia eu gostaria de ver um OVNI" e uma saia com os dizeres "Mamãe mora em Sacramento, mas conversamos frequentemente por telefone".[8] É óbvio que as roupas *não* comunicam mensagens dessa maneira.

Talvez a tentativa teórica mais ambiciosa de considerar as roupas como uma espécie de linguagem tenha sido a de Roland Barthes. Seu livro sobre o sistema da moda foi publicado pela primeira vez em 1967, mas fora iniciado uma década antes. Na época da publicação, Barthes já o considerava de certo modo um fracasso. É uma obra de compreensão muito difícil, que parece ter bem mais que as 350 páginas de sua edição inglesa. Barthes atribui a si mesmo a tarefa de estudar "o sistema da moda", que define como a totalidade das relações sociais e atividades necessárias para que a moda exista. Ele distingue de início três aspectos do vestuário: a peça de roupa real, a peça de roupa representada e a peça de roupa usada. Estas são três formas de existência aplicadas à roupa em sua trajetória através do sistema da moda. A roupa "real" é a peça de roupa física que é produzida, a roupa "representada" é a que está em exibição nas revistas e anúncios de moda, e a roupa "usada" é a que é comprada e vestida. Em seu livro, Barthes está interessado sobretudo na roupa "representada", porque é com ela que nos deparamos como consumidores. O que encontramos é uma roupa sempre já representada, e que foi definitivamente moldada por um discurso de moda. Barthes insiste, portanto, que é impossível pôr a roupa "real" à frente do discurso da moda, e que a ordem deveria ser invertida, de forma a se passar de um discurso constitutivo (a roupa "representada") para a realidade que é constituída.[9] Estar "na moda" nada tem a ver com as características materiais da roupa, na opinião de Barthes, mas é um produto da linguagem da moda. Para compreender a moda é necessário, pois, tentar compreender a linguagem que a constitui *como* tal. Barthes expressa seu desejo de estudar "roupas escritas", sem nenhuma função prática, assim como descritas em revistas de moda, porque quando a função é removida só resta o "significado".[10] Além disso, ele afirma que a "roupa escrita" não contém nenhuma "vaga temporalidade". Isso é importante porque ele deseja realizar um estudo sincrônico da moda, não um estudo diacrônico. Em outras palavras, quer estudar um sistema de moda estático. Esse é um movimento original, já que a maioria dos estudos sobre o tema é diacrônica e trata da transformação histórica do vestuário, mas pode-se objetar que, com a adoção de uma perspectiva em que a moda é "congelada" num instante, remove-se precisamente a temporalidade que é a sua essência.

De acordo com a teoria estruturalista de Ferdinand de Saussure, Barthes faz uma distinção estrita entre o significante (*signifiant*) e o significado (*signifié*), que pode ser interpretada como uma divisão entre o aspecto material de um signo e seu conteúdo, ou seja, entre a imagem sonora da palavra "calças" e o significado dessa palavra. Cada signo deve conter esses dois aspectos de conteúdo e expressão, mas o vínculo entre os dois é *arbitrário*. Não há nenhum vínculo necessário entre a imagem sonora do signo "calças" e seu significado. Outras línguas têm significantes para o mesmo objeto significado. Este é um ponto importante a lembrar quando se estuda a moda. A relação entre uma peça de roupa e um significado é completamente arbitrária. A razão por que tantas pessoas falam de maneira enganosa sobre "roupas como linguagem" é que elas parecem acreditar que uma dada forma ou cor tem uma relação não arbitrária com um dado significado. Apesar da relação arbitrária entre significante e significado, há uma relação regulada entre os dois através de um "código", um conjunto de regras partilhadas que associam um ao outro. Se não temos familiaridade com o código, não temos como nos orientar no sistema. Seremos incapazes de compreender que um terno e gravata têm um significado mais formal que um terno sem gravata, uma vez que a gravata em si mesma – como um item "real" de vestuário (i.e., como um objeto material) – não indica formalidade. Barthes enfatiza que há uma relação muito complexa entre o significante e o significado no vestuário. Ainda que uma camisa de colarinho aberto pretenda significar uma atitude relaxada, e ainda que possamos dizer que é a abertura que indica esse relaxamento, nem por isso essa mesma abertura, numa saia, por exemplo, indicará uma atitude relaxada.[11]

Não emerge muita coisa da análise do sistema da moda de Barthes. Segundo ele, a retórica do vestuário está "empobrecida", expressa apenas significados banais.[12] Nunca oferece nenhum significado mais profundo, sendo, de fato, desprovida de conteúdo.[13] Poucas pessoas considerariam a tentativa de Barthes de realizar um estudo "científico" da moda particularmente bem-sucedida. Por outro lado, ela obtém mais sucesso sob um aspecto político, e, em última análise, o que Barthes está tentando levar a cabo em seu livro é um projeto político. A moda "mitifica". Compreendendo a mitificação como um processo pelo qual o contingente e o histórico são transformados em algo necessário e universalmente válido, Barthes está engajado num projeto de desmitificação destinado a revelar o mito *como* mito, de modo que possamos nos emancipar dele. A moda, diz ele, é tirânica e seus signos são arbitrários, e precisamente por essa razão ela tem de transformar o signo num "fato natural".¹⁴ Não há nenhuma razão "natural" para que um smoking seja considerado "mais elegante" que jeans e camiseta, ou para que um conjunto de roupas se preste a ser usado num casamento e outro não. Não há nenhuma razão "natural" para que calças tenham sido consideradas uma peça de roupa especificamente masculina por longos períodos da história da moda. O tênue "significado" que as roupas possuem é completamente arbitrário, havendo portanto pouca razão para nos deixarmos prender por ele.

Que "significa" uma peça de roupa? De onde provém esse significado? Seria tentador dizer que uma peça de roupa significa o que o estilista queria que significasse. Mas essa linha de abordagem é problemática.¹⁵ Na hermenêutica contemporânea há um amplo entendimento de que o artista não ocupa uma posição privilegiada quando se trata da compreensão da obra que criou. Ele é simplesmente um intérprete em pé de igualdade com todos os outros. Essa linha de abordagem teria também dificuldades para explicar o fato de que as roupas mudam de significado de um contexto para outro, o que não ocorreria se esse significado fosse determinado pela intenção do estilista.

A alternativa seguinte seria a de que o significado pode ser encontrado na consciência da pessoa que usa a peça de roupa. Nesse caso, uma roupa significaria isto ou aquilo segundo a intenção de quem a veste. Mas isso também não é particularmente plausível. Não posso simplesmente vestir um terno preto e afirmar que ele diz: "Estou preocupado com as consequências do impacto da globalização sobre a diversidade cultural do mundo." Nem posso vestir um par de jeans esfarrapado e uma camiseta desbotada e afirmar que estou vestido formalmente. Esse simplesmente não é um tipo de traje formal, qualquer que seja a intenção que eu afirme ter ao usá-lo. Além disso, as roupas podem ter significados que aquele que as usa ignora. Uma pessoa não familiarizada com os códigos de cor vigentes em lugares de gangues em grandes cidades americanas, por exemplo, e que entra na área errada com uma camiseta da cor errada, pode se meter numa grande enrascada. Mesmo que ela não tenha nenhuma intenção ao usar aquela cor, outros podem atribuir um significado particular a seu gesto num ambiente particular.

Seriam então os circunstantes que decidem o significado de uma peça de roupa? Também não é tão simples assim. Suponhamos que uma pessoa esteja usando uma roupa com símbolos germânicos e isso é interpretado por alguns circunstantes como significando que ela tem inclinações políticas para a direita, já que esses símbolos são também usados nesses ambientes. Estará essa pessoa expressando certamente valores nazistas? Se ela explicasse aos circunstantes que na verdade é antinazista, mas acredita em deuses germânicos, eles iriam – se fossem sensatos – rever sua interpretação. Não se pode tampouco afirmar, portanto, que a interpretação dos circunstantes determina o significado do vestuário.

Parece restar apenas uma alternativa: o significado deve residir na própria roupa. Mas nem isso é particularmente convincente, pois, em primeiro lugar, é difícil compreender como um terno preto ou um par de calças vermelhas poderiam ter um significado "em si mesmos". Se todo o seu contexto for removido, o significado de uma peça de roupa também é removido. Além disso, essa linha de abordagem teria dificuldade em explicar como uma peça de roupa pode mudar tão drasticamente de significado segundo o tempo e o lugar. Ao que tudo indica, seria inadequado procurar uma fonte capaz de determinar o significado de uma peça de roupa, uma vez que ele surge e existe sobretudo nos espaços entre as pessoas e entre estas e o mundo – onde diferentes interpretações se chocam, onde nenhuma instância pode se erigir numa autoridade absoluta para definir o significado de roupas, e onde nenhum significado definitivo pode jamais ser fixado.

Estritamente falando, as roupas *não* são uma linguagem. Embora se afirme com frequência o contrário, o fato é que elas não têm nem gramática nem vocabulário em nenhum sentido usual. Não há dúvida de que comunicam alguma coisa, mas nem tudo que comunica deve ser chamado de linguagem. As roupas podem ser consideradas semanticamente codificadas, mas trata-se de um código com uma semântica extremamente tênue e instável, sem quaisquer regras realmente invioláveis. As palavras também mudam de significado de acordo com o tempo e o lugar, mas a linguagem verbal é muito estável, ao passo que a semântica do vestuário está em constante mudança. Esta é uma importante razão por que a abordagem estruturalista às modas no vestuário não funciona muito bem: esse método pressupõe significados bastante estáveis. Não por coincidência, foi seu trabalho em *O sistema da moda* que levou Roland Barthes a abandonar o estruturalismo clássico. Não sendo a moda no vestuário uma linguagem em qualquer sentido normal, pode ser tentador descrevê-la como um "idioma visual", para tomar emprestada uma expressão do escritor Hermann Broch.[16] Nesse sentido, as roupas estão mais próximas da música e da arte visual que da linguagem normal.

As roupas são semanticamente instáveis porque o significado está diretamente relacionado ao contexto. Segundo Diana Crane, se consideramos as roupas como *textos*, vemos que nas sociedades hierárquicas elas funcionavam tipicamente como textos "fechados", com um significado relativamente estável, fixo. Em sociedades pós-modernas mais fragmentárias, por outro lado, elas funcionam mais como textos "abertos", podendo adquirir novos significados a todo momento.[17] Entre outras coisas, isso se deve ao fato de que diferentes grupos querem usar os mesmos itens de vestuário, mas lhes atribuem significados consideravelmente diferentes. O aspecto temporal também desempenha um papel. Em todas as sociedades, certas roupas comunicam alguma coisa sobre quem as usa, e isso pressupõe alguma ideia compartilhada do que devem significar. Essas concepções, contudo, estão sujeitas a constante mudança. Anne Hollander demonstrou como até roupas pretas, provavelmente as mais estáveis semanticamente já feitas, tiveram seu significado alterado de maneira radical ao longo do tempo.[18]

Afora a instabilidade semântica, outro grande problema encontrado pelas modas de roupas como fornecedoras de significado é que elas tendem a perdê-lo rapidamente à medida que se espalham. Uma palavra não perde seu significado da mesma maneira quando se torna mais difundida. Quando peças de roupa com certo potencial de significado (em geral, subculturais) são introduzidas em outros contextos, como na passarela, e depois levadas a um público mais amplo, elas o perdem: quanto maior a difusão, menos a estabilidade do significado. A moda é também, portanto, uma batalha constante para preencher significado que está sendo gasto com crescente rapidez.

Muitas vezes esses significados são preenchidos mediante referências ao mundo além da moda – com frequência de maneira muito banal, como quando vimos subitamente muitos efeitos militares nas passarelas no outono de 2001. Antes de tudo, porém, as modas são criadas a partir de modas anteriores que podem ser relançadas e combinadas *ad infinitum*. Tal como a arte, a moda se tornou cada vez mais autorreferente. É criada com base em modas anteriores que podem ser afirmadas ou tomadas como objeto de troça. Isso envolve também uma redisseminação de significados anteriores, agora combinados de todas as maneiras, e o resultado é que os significados culturais e políticos que as roupas podiam ter tido outrora desaparecem numa cacofonia cada vez mais fraca.

É por isso que boa parte da moda se caracteriza por uma tentativa desesperada de dizer alguma coisa. Se queremos vender valores simbólicos, devemos fazer com que esses símbolos representem alguma coisa. Eles devem ser preenchidos com um conteúdo ou outro. Uma parte importante desse processo se dá por meio da alta-costura, que não é mais principalmente uma questão de roupas, mas de imagens: trata-se de um investimento numa marca, que vai estimular as vendas de coleções prêt-à-porter, produtos licenciados e outras mercadorias. É extremamente duvidoso que *Sylvia*, a criação de John Galliano para a Christian Dior Haut Couture (coleção outono-inverno de 2000), em que a modelo parece um cruzamento de ser humano com cavalo, vá ser usado algum dia por alguém depois daquele desfile. Essas roupas não se destinam a ser *usadas* – seu valor utilitário é completamente irrelevante. Uma consideração se eleva acima de todas as outras: pré-exposição máxima. Foi estimado que um desfile de moda de 20 minutos, cuja produção custa 500 mil dólares, gera publicidade da ordem de 57 milhões de dólares somente nos Estados Unidos – e consideravelmente mais no mundo como um todo.[19] Esta é obviamente a razão por que tantas das principais *maisons* empregaram estilistas considerados controversos, capazes de dar um "conteúdo" à moda. Nos últimos anos vimos um retorno à extravagância e à ostentação deliberada do luxo que parece ter uma necessidade limitada de *dizer* alguma coisa. Isso pode ser visto como uma admissão de que a moda de hoje é mais ou menos incapaz de comunicar qualquer coisa com significado.

Pode-se afirmar que roupas subculturais têm um "significado" mais definível que a moda de massa. Isso é verdadeiro até certo ponto, mas as subculturas também estão sofrendo mudanças. Segundo o sociólogo David Muggleton, elas foram substituídas por "pós-subculturas", cujos membros estão menos empenhados em manter distinções ideológicas e estilísticas entre si mesmos e outros grupos e tipicamente se interessam mais em "surfar entre estilos" – mover-se entre vários estilos – que em se aferrar a um único.[20] É problemático dizer qualquer coisa sobre subculturas quando deixa de existir uma cultura uniforme, dominante, contra a qual elas possam se definir. A própria cultura de massa tornou-se tão fragmentária e pluralista que as fronteiras entre ela e a subcultura tornaram-se muito vagas. Esta é claramente a razão por que as subculturas estão se tornando fornecedoras menos seguras de roupas "significativas".

Um estilo de roupa no período feudal, por exemplo, era capaz de comunicar uma "mensagem", mas dificilmente se poderia dizer o mesmo sobre a moda pós-moderna. Ela não comunica uma mensagem – ela *é* a mensagem. É menos uma questão de código semântico que de efeito estético. Na medida em que diz alguma coisa, é algo da natureza do "Olhe para mim!" Em subculturas mais fechadas, é óbvio que o vestuário pode ter um significado mais bem-definido e inequívoco, mas isso dificilmente pode ser transferido para a moda de massa. Não podemos excluir a possibilidade de que a moda possa "dizer alguma coisa", mas como um meio de comunicação as roupas são em geral bastante inadequadas. Se temos uma "mensagem" para o mundo externo, provavelmente seria bem mais eficaz dizê-la com palavras que vestir um traje a fim de supostamente transmiti-la.

5. A moda e o corpo

> Os braços são os novos seios.
> BRET EASTON ELLIS[1]
>
> Eu acredito em cirurgia plástica.
> ANDY WARHOL[2]
>
> Pele é "in".
> *Absolutely Fabulous*[3]

NA ERA PÓS-MODERNA, a configuração da identidade pessoal é, num sentido decisivo, um *projeto corporal*. Podemos observar que o corpo tende a se tornar cada vez mais seminal para uma compreensão da identidade pessoal.[4] O ego é constituído em grande parte por meio da apresentação do *corpo*. É possível ver isto em relação a várias práticas, como o ascetismo ou uma dieta, que outrora tinham uma finalidade mais espiritual, mas agora têm a ver principalmente com a moldagem do corpo. Foi só no fim do período vitoriano que as pessoas começaram a fazer dietas com o objetivo de alcançar um ideal especificamente *estético*.[5] Sem dúvida, na cultura helênica a aristocracia mantinha um ideal de moderação de consumo de alimentos porque isso indicava autocontrole. De maneira semelhante, jejuar era uma prática cristã central na Idade Média, indicando que o espírito era mais forte que a carne. Mas a diferença decisiva era que essas práticas tinham menos a ver com o corpo por si só que com o espírito nele alojado. Além disso, elas eram observadas sobretudo nos escalões mais altos da sociedade. A dieta do final do período vitoriano, por outro lado, foi um fenômeno que se difundiu na classe média e estava relacionada com a regulação do consumo de alimentos, de tal modo que disso resultasse um *corpo* idealizado, esbelto. Seus aspectos "espirituais" eram claramente secundários. Isso não quer dizer que conotações "espirituais" estivessem de todo ausentes. A obesidade era considerada, e em grande medida ainda é, um indicador de qualidades morais e mentais como preguiça e falta de força de vontade. O importante é que não era para combater essas qualidades mentais que a dieta era empreendida: o que a motivava era um desejo de moldar o corpo, não a alma. Desde então, essa tendência só se intensificou.

No caso de um dualismo tradicional entre a alma e o corpo, especialmente como encontrado em tradições platônicas e cristãs, a forma do corpo terá relativamente pouca importância, porque a identidade terá a ver principalmente com a alma. Cada vez mais, no entanto, o corpo assumiu uma posição central no tocante à configuração da identidade. Jean Baudrillard argumenta que o corpo assumiu o papel moral e ideológico da alma como um objeto de salvação.[6] "Para ser realmente medieval, a pessoa não deveria ter corpo. Para ser realmente moderna, não deveria ter alma."[7] O corpo tornou-se um objeto de moda especialmente privilegiado. Ele parece ser algo plástico que pode mudar constantemente para se adequar a novas normas à medida que elas emergem. É tentador dizer que o corpo trocou de lugar com a consciência – tal como compreendida no empirismo – como uma *tabula rasa*, uma lousa em branco em que qualquer coisa pode ser inscrita.[8]

Hegel enfatizou que corpo e vestuário são coisas distintas, e que a ambos deve ser permitido desenvolver-se livremente.[9] Nisso, parecia estar antecipando a ideia posterior de Simmel de que as roupas podem ser objetivadas, no sentido de que podem ser separadas de seu ponto de partida nas necessidades do sujeito – neste caso, a necessidade de roupas sentida pelo corpo. Mas enquanto Simmel viu isso como uma "tragédia da cultura", porque a oposição entre sujeito e objeto é integrada ao sujeito, que fica então objetivado, Hegel o considerou completamente legítimo – e defendeu também que depender da moda é preferível a depender da natureza.[10] A estilista Elsa Schiaparelli afirmou que as roupas não devem ser adaptadas ao corpo, é o corpo que deve ser adaptado às roupas.[11] Espremmos nossos pés, por exemplo, em sapatos cujas formas são diferentes das deles. Inspirados na pintura *O modelo vermelho*, de Magritte (1935), vários estilistas, entre os quais Pierre Cardin (1986) e Vivienne Westwood (2000), fizeram sapatos com a mesma forma dos pés, para acentuar a diferença usual de formato entre eles. Desde sua origem, a moda exibiu relativa liberdade com relação à forma do corpo, mas o corpo e as roupas sempre estiveram em "diálogo", o desenho do primeiro influenciando a moda e vice-versa.

Procuramos identidade no corpo, e as roupas são uma continuação imediata dele.[12] É também por isso que elas são tão importantes para nós: são as coisas mais próximas de nosso corpo. Nossa percepção do corpo humano é influenciada numa medida assombrosa pelas modas prevalentes na época. Anne Hollander lançou luz sobre isso em seu livro

Seeing through Clothes, em que demonstrou como retratos de nus mostram continuamente modelos como se estivessem vestidos, ainda que obviamente não estejam.[13] Em períodos em que espartilhos eram amplamente usados, podemos ver o espartilho ausente moldando o corpo nu mais do que poderia ser explicado pela influência puramente fisiológica que essa peça poderia ter exercido sobre a forma do corpo. Barbatanas e anquinhas em vestidos davam origem a figuras nuas com cinturas finas e quadris amplos. Quando se usavam vestidos apertados logo abaixo dos seios e enfunados mais abaixo, os nus adquiriam barrigas consideráveis. As roupas reescrevem o corpo, dão-lhe uma forma e uma expressão diferente. Isto se aplica não só ao corpo vestido, mas também ao despido – ou, mais precisamente, o corpo despido está sempre também vestido. Nossa percepção do corpo humano é sempre dependente das modas dominantes na época, e nossa percepção das modas é por sua vez dependente de como são representadas visualmente em pinturas, fotografias e outros meios. Durante muitos séculos, isto se aplicou em particular aos poucos que tinham recursos para comprar obras de arte ou ser convidados para os lugares onde elas podiam ser encontradas. Nos séculos XIX e XX, porém, graças às novas técnicas de reprodução, as pinturas se tornaram acessíveis a todos. A percepção humana nunca representa de maneira neutra; ela interpreta, e a interpretação depende dos hábitos perceptuais das pessoas: o que *vemos* quando olhamos para alguma coisa depende do que vimos antes. O revestimento visual do corpo nu com roupas invisíveis que o moldam não se aplica apenas a representações artísticas, mas também à experiência real.[14]

Na cena final do filme *Prêt-à-Porter* (1994), de Robert Altman, uma mulher grávida interpretada por Ute Lemper, nua exceto por um véu de noiva, caminha pela passarela. A princípio a plateia do desfile fica cética, mas depois aplaude isso como um lance criativo. Possivelmente Altman queria dizer aqui alguma coisa sobre as roupas novas do imperador, ou algo semelhante, mas eu tenderia a afirmar que a cena não sugere tudo isso. A nudez só diz alguma coisa quando em diálogo com roupas. Ao mesmo tempo, a pele nua tornou-se claramente cada vez mais central na moda. Se examinarmos as fotografias de moda dos anos 1950, veremos que elas normalmente mostravam mulheres na casa dos 20 anos em ambientes de classe média, mas o centro de interesse eram as *roupas*. Nos anos 1960, passou a haver uma ênfase claramente mais forte na juventude – e, notavelmente, uma quantidade muito maior de pele era mostrada. Desde então esse desenvolvimento só se intensificou, um traço constante sendo que as próprias roupas foram cada vez mais relegadas ao segundo plano na fotografia de moda. Em vez de apresentar roupas, busca-se cada vez mais apresentar uma *imagem* em que o corpo do modelo é portador de valores simbólicos. O corpo nu é tudo menos neutro em termos de valor. Isto está claro desde o Gênesis, em que a nudez – quando Adão e Eva, depois de comer da Árvore do Conhecimento, compreendem que estão realmente nus – é associada à vergonha. Assim, eles primeiro se cobrem com folhas de figueira, e depois Deus cria roupas de pele para vesti-los.[15]

O *significado* de um corpo nu varia enormemente: na Grécia Antiga, escravos e atletas andavam nus sem que isso fosse particularmente sensacional, e a nudez pública, segundo o teórico da cultura Norbert Elias, não constituía grande problema durante o século XVI, após o que uma espécie de fronteira da vergonha foi erigida, exigindo que o corpo estivesse sempre vestido em situações em que era visível para outros.[16] Em tempos recentes, essa fronteira da vergonha tornou-se de novo mais frouxa em grande parte do mundo ocidental. Assim, o filósofo Mario Perniola vai um pouco longe demais quando afirma que as roupas dão às pessoas sua identidade antropológica, social e religiosa – em suma, seu "ser" – e que a nudez deve ser entendida como uma privação, uma falta.[17] Isso representa uma divisão nítida demais entre o corpo nu e o corpo vestido; de fato, não existe nada que possa ser chamado de corpo completamente "nu", pois o corpo nu estará sempre "vestido" em razão de suas definições sociais. E quanto mais significado é atribuído ao vestuário, mais significado terá sua ausência visível.[18] Removendo todas as roupas, não encontramos um corpo "natural", mas um corpo moldado pela moda: o corpo não é mais "natural" que as roupas que veste.[19]

As modas de roupas muitas vezes são apresentadas como uma espécie de disfarce, como algo que esconde a verdadeira natureza de uma pessoa ou um corpo.[20] Contra essa ideia, eu argumentaria que não existe uma "verdadeira natureza". O que é considerado "natureza" está relacionado à cultura em grande medida. Além disso, por que deveria essa "natureza", logo ela, ser mais "verdadeira" que qualquer outra coisa? Baudelaire enfatiza a moda como um sintoma do anseio do homem de se aproximar de um ideal, superando o que é dado pela natureza:

> A moda deveria ser considerada, portanto, um sintoma do gosto pelo ideal que flutua à superfície de todo o bricabraque grosseiro,

mundano e abominável que a vida natural acumula no cérebro humano: como deformação sublime da Natureza, ou melhor, uma tentativa permanente e repetida de *reformá-la*.[21]

Baudelaire enfatiza que o dândi como um ideal é oposto ao natural – a beleza do dândi é antinatural.[22] Ele não encontra uma norma procurando na natureza: "O dândi deveria aspirar a ser ininterruptamente sublime. Deveria viver e dormir diante do espelho."[23] Em relação à arte da maquiagem, Baudelaire afirma que sua função não deveria ser de maneira alguma "imitar" a natureza. Seu objetivo é antes "superar a natureza". E se ela o faz explicitamente, torna-se verdadeira: "A maquiagem não tem nenhuma necessidade de se esconder, ou de se esquivar a ser suspeitada; ao contrário, deixe-a exibir-se, pelo menos se ela o fizer com franqueza e honestidade."[24] Em vez de usar a natureza como uma norma, como na estética pré-moderna, trata-se de estabelecer nossa própria norma. Em vez de um disfarce, o modo como nos vestimos ou nos adornamos deve ser pensado como uma técnica ativa para a apresentação de nosso eu físico. Com relação a isto, Thomas Carlyle tem alguma coisa a dizer em *Sartor Resartus*. A seu ver, as roupas são decisivas para a humanidade do homem, e ele rejeita a ideia de um estado natural original de perfeição *nua*.[25] Tudo considerado, a distinção entre "moda" e "natureza" é duvidosa porque, como Simmel salienta, "a forma de vida da moda é natural para o homem como um ser social".[26]

Se a vida é realmente um concurso de beleza, como afirmou o estilista Thierry Mugler,[27] nos resta esperar ter nascido numa época em que as normas de beleza correspondam às nossas características naturais. Segundo Robert Musil:

Em todos os períodos, é claro, há vários tipos de semblantes, mas somente um será escolhido pelo gosto de certo período como sua imagem ideal de felicidade e beleza, enquanto todos os demais fazem o possível para copiá-lo; com a ajuda da moda e de costureiros, até os feios conseguem se aproximar do ideal. Mas há alguns rostos que nunca o conseguem, rostos nascidos para uma estranha distinção própria, expressando resolutamente o ideal de beleza esplêndido e banido de um período anterior.[28]

Vivemos numa época, contudo, em que as infelizes almas nascidas com a beleza ideal de uma outra época têm mais oportunidade que nunca de se adequar a seu próprio tempo. Há limites para o grau em que um corpo pode ser modificado por meio de cosméticos, penteados e exercícios, mas uma intervenção mais direta através da cirurgia plástica (tirando um pouco aqui, acrescentando um pouco ali) põe visivelmente o ideal de beleza próprio de qualquer época dada ao alcance de um número cada vez maior de pessoas.

A cirurgia plástica cosmética é uma indústria em rápida expansão. Até na Noruega, um país com cerca de 4,6 milhões de habitantes, estimou-se em 2004 que cerca de 80 mil mulheres haviam se submetido a ela, e cerca de 250 mil outras disseram estar pensando em fazê-lo.[29] Isto está longe de representar "todas a mulheres", mas é um número considerável, que cresce abruptamente ano a ano. Ademais, o fenômeno não se restringe às mulheres. O aforismo de Karl Kraus de que "A cosmética é o estudo do cosmo feminino"[30] tornou-se cada vez mais aplicável aos homens. O homem de hoje está situado num mundo em que sua aparência externa, em relação à qual ele tem uma atitude reflexiva, está se tornando de importância decisiva para o modo como ele se vê. Um estudo recente afirma que 43% de todos os homens nos Estados Unidos estão insatisfeitos com sua aparência – três vezes mais que 25 anos atrás.[31] Um número cada vez maior de homens está modificando sua aparência por meio da cirurgia plástica cosmética.

Há, sem sombra de dúvida, uma normalização da cirurgia plástica cosmética, que permite a adaptação a uma norma além do que pode ser conseguido pelo trabalho do próprio corpo sobre si mesmo.[32] Um caso fascinante com relação a isto é o da artista performática Orlan, cuja obra é ela mesma. Entre 1990 e 1993, ela esteve engajada na performance *The Reincarnation of St. Orlan*, que exigiu que se submetesse a uma série de cirurgias plásticas e com isso se recriasse usando traços tomados de obras de arte, como o queixo da *Vênus* de Botticelli e os olhos de *Europa* de Boucher. A maioria das pessoas que se submete a uma cirurgia plástica cosmética o faz com uma intenção bem menos radical, mas o princípio é o mesmo – reformar o corpo para corresponder a um dado ideal. A cirurgia plástica cosmética é apenas a radicalização de formas anteriores de modificação do corpo: há somente uma diferença de grau entre cortar o cabelo e fazer uma lipoaspiração ou um implante de silicone. Outras formas de modificação do corpo, como *piercing*, tatuagem e decoração com queloides, também se tornaram extremamente populares nos anos 1990. Como acontece com todas as modas, contudo, a tendência decresceu quando ficou difundida demais.[33] As tatuagens, porém, são um fenômeno de moda paradoxal. Sua relativa permanência deveria torná-las em princípio bastante inadequadas como moda, já que não é possível simplesmente livrar-se delas quando a moda passa. Isto nos traz a um ponto interessante. Várias formas de decoração do corpo (de maquiagem a modificações mais radicais) são encontradas em diversas culturas, mas enquanto em sociedades não ocidentais elas desempenham em geral um papel como identificadores de grupos, nas sociedades ocidentais modernas são interpretadas, ao contrário, como uma afirmação da individualidade.[34]

Nas palavras de Harold Koda, curador no Metropolitan Museum of Art: "A moda é a evidência do impulso humano de aproximar o corpo de um ideal transitório e elusivo."[35] Como a teórica da moda Valerie Steele observou, o espartilho nunca desapareceu realmente; foi antes convertido em outros tipos de roupa de baixo e finalmente no corpo moderno bem-exercitado.[36] Os espartilhos de Jean Paul Gaultier, que deviam ser usados por cima das roupas, não debaixo delas, foram um claro comentário sobre isso. As formas duras do espartilho não se destinavam mais a impedir a gordura humana de escapar – e a superfície dura passava a ser apenas uma expressão de um corpo que se tornara rígido. Estará alguém livre do espartilho quando não precisa mais dele para moldar o corpo, tendo alcançado a mesma norma moldando-o em horas intermináveis de exercícios numa academia de ginástica? As horas passadas na academia e a intervenção do cirurgião plástico não são vistas como impostas ao indivíduo a partir de fora. Aparentemente, é de nossa livre escolha substituir gordura por músculo e nos submeter ao bisturi do cirurgião. Ao mesmo tempo, é óbvio que essa livre escolha não é de modo algum absoluta, ocorrendo com base numa internalização de normas sociais.

Baudrillard escreve: "Como a dieta, o fisiculturismo e tantas outras coisas, a corrida é uma nova forma de servidão voluntária."[37] O poder disciplinador pelo qual a maioria das pessoas é afetada não é aquele exercido atrás dos muros das prisões, mas o exercido por meio da televisão, dos jornais, das revistas e da mídia, que nos propõem um ideal para o eu físico que estará sempre fora do alcance de quase todos. O corpo se torna algo que estará sempre aquém do objetivo. O ideal muda constantemente, em geral tornando-se mais extremo, de modo que alguém que acaso consiga um corpo ideal logo ficará aquém do próximo. Até modelos têm dificuldade em corresponder às normas: já nos anos 1950 não era raro que algumas se submetessem a intervenções cirúrgicas para se aproximar da norma, por exemplo extraindo os terceiros molares para obter faces sulcadas, ou uma costela para dar ao corpo a forma correta. A discrepância entre corpos de modelos e corpos "normais" continua crescendo. Hoje, a modelo americana média pesa 23% menos que a mulher americana média, ao passo que apenas uma geração atrás a diferença era de 8%.[38] Os modelos são as pessoas que mais se aproximam da norma, mas até seus corpos, já tão extremos, são ainda mais alterados por manipulação computadorizada de imagens. Desse modo, a norma se transforma em pura ficção, mas nem por isso perde sua função normativa.

O sociólogo Anthony Giddens chama a atenção para o modo como o corpo está se tornando cada vez mais "reflexivamente mobilizado" – assim, em vez de ser algo dado, está sujeito a um trabalho de "moldagem".[39] Todas as habilidades físicas como andar, sorrir e nadar são técnicas e sociais. O andar não é algo puramente instintivo e isento de valor – é aprendido num campo social e expressa diferentes valores. Há considerável diferença entre os modo de andar de um vagabundo e de um oficial da ativa. O modo como uma pessoa caminha é socialmente formado, e não há nenhuma maneira completamente "natural" de andar, embora algumas sem dúvida pareçam mais exageradas que outras. O corpo está impregnado de normas sociais não só quando em atividade, mas também quando em repouso.

Com exceção de práticas extremas como o enfaixamento dos pés, dificilmente podemos afirmar que uma prática é mais "natural" que outra, já que o que pode ser visto como "natural" é tão mutável quanto a própria moda. Quando vemos retratos de mulheres do final do período medieval, elas muitas vezes parecem no mínimo esquisitas. Têm a parte superior do corpo muito curta e delgada, encimada por uma cabeça grande, e depois, sob dois seios minúsculos, a parte inferior do corpo é amplamente curvada, embora de maneira bastante desproporcional, quase parecendo um enorme pedestal para o pequeno busto. Mas isso parecia "natural" às pessoas da época. Os ventres protuberantes do fim do período gótico nos parecem estranhos, e no fim do século XVI aparentemente não havia limites para o tamanho de abdome que uma mulher podia ter sem deixar por isso de ser atraente. Ao contrário, a norma parecia ser quanto maior, melhor. Devemos salientar, contudo, que um "corpo malhado" dos anos 1980 teria parecido estranho para alguém do fim do período gótico. No início do século XVII, Rubens provavelmente não teria se impressionado com o corpo de Kate Moss, e as modelos típicas do pintor jamais seriam aceitas nas passarelas hoje em dia, pois certamente teriam dez vezes o tamanho adequado. Um ideal de beleza bastante exclusivo de nossa época são ossos aparentes. Até a Primeira Guerra Mundial, todos os ideais de beleza exigiam que o corpo tivesse gordura e músculos suficientes para que o esqueleto permanecesse oculto sob eles. Costelas e ossos dos quadris visíveis sempre foram considerados "antinaturais" e feios. A ideologia da beleza opera normalmente com uma ideia de algo "natural", mas o corpo "natural" é, histórica e socialmente falando, uma entidade extremamente variável. Cabe ressaltar que houve também períodos, como o fim do século XVII e o século XVIII, em que o "artificial" era uma moda aprovada, mas o importante é que o ideal "natural" e o ideal "artificial" são ambos construtos que mudam ao longo do tempo.

A "natureza" nunca foi um guia em se tratando de corpos ideais, ainda que cada época tenda a considerar seu próprio ideal como sendo "o natural". Qual é uma posição "natural" para a cintura? No século XVII ela baixou para o que hoje consideramos sua posição "natural", mas desde então deslocou-se muito para cima e para baixo. Mesmo se nos limitarmos ao século XX, podemos ver que se moveu entre os quadris e os seios. Onde é a posição "natural" da cintura parece ser algo totalmente dependente de convenção. As mudanças nos corpos ideais podem ser vistas nos manequins exibidos em vitrines. No início do século XX, eles tinham ombros e braços fortes, ao passo que a cintura era delgada (a clássica figura da ampulheta), com os seios se projetando para a frente e o traseiro para trás. Os manequins da década de 1920, por outro lado, caracterizavam-se por uma figura muito mais esbelta, embora clavículas ou músculos distintos só tenham se tornado visíveis na década de 1930, que teve um corpo ideal mais magro que qualquer época anterior na história. Depois da Segunda

Guerra Mundial, seios e quadris cresceram de novo, ao passo que os manequins da década de 1960 tinham uma figura mais andrógina e angular. Nos anos 1970, o desenvolvimento mais importante foi que os manequins passaram a exibir também traços de pessoas de outras partes do mundo, mas ainda assim o ideal permaneceu delgado e jovem – uma tendência que persistiu até os dias de hoje. Cabe ressaltar que não foi apenas o corpo feminino que esteve sujeito às convenções culturais que prevalecem em qualquer época dada e ajustam as relações entre as várias partes do corpo. Os homens também tiveram de se adaptar às normas dominantes, por exemplo usando espartilhos, mas os resultados foram em geral menos radicais que os exigidos das mulheres. Os ideais para o corpo masculino estiveram ligados principalmente ao tamanho dos ombros, dos quadris e do abdome. Houve em geral uma conexão entre os corpos ideais para os dois sexos, com um abdome generoso ou uma cintura fina sendo a norma aprovada para ambos ao mesmo tempo. Quando os seios são enfatizados na mulher, contudo, a tendência tem sido que os ombros dos homens fiquem mais largos.

Há razões "naturais" para que homens e mulheres usem roupas diferentes? Antes do século XIV, as diferenças entre as roupas para homens e mulheres eram relativamente pequenas, mas desse ponto em diante a forma das roupas tendeu a ser relacionada ao gênero, as mulheres usando trajes claramente mais ajustados ao corpo que antes, enquanto os homens começaram a usar malhas sobrepostas com calças curtas. A ideia de que os corpos das mulheres e dos homens são basicamente semelhantes, mas que o corpo da mulher – especialmente os genitais – é menos desenvolvido que o do homem, não foi abandonada até o século XVII. No decorrer do século seguinte, porém, tornou-se cada vez mais usual considerar os homens e as mulheres como basicamente diferentes no tocante a características tanto físicas quanto mentais. O filósofo Jean-Jacques Rousseau é um exemplo típico dessa maneira de pensar. As modas de homens e mulheres também se tornaram correspondentemente diferentes. O que é causa e o que é efeito, em que medida as mudanças na concepção de gênero influenciaram a moda, ou vice-versa, é difícil decidir. O mais provável é que as mudanças nas modas de roupas e na concepção de gênero tendam a se reforçar umas às outras.

Calças são um bom exemplo do que Roland Barthes chama de uma "mitificação" (i.e., naturalização), mediante a qual uma definição completamente acidental é elevada ao status de lei natural. Não há nenhuma razão fisiológica para que calças sejam uma peça de roupa especificamente masculina. No século XIX, na França, as mulheres foram de fato proibidas de usá-las, embora as da classe trabalhadora, em particular, violassem essa proibição. Calções folgados também eram altamente suspeitos, já que a separação das coxas de uma mulher, mesmo que por um pedacinho de pano, era considerada francamente obscena. Meninas podiam usar calções até a puberdade, mas não posteriormente, e as únicas mulheres que os usavam eram as prostitutas. Em meados do século XIX, foram feitas várias tentativas de introduzir calções. Feministas americanas estiveram entre as primeiras a usar pantalonas frouxas franzidas nos tornozelos, conhecidas como *bloomers*. O nome era uma homenagem a Amelia Bloomer, que desenhou a peça e a usou em público por volta de 1850. As pioneiras se viram obrigadas a abandonar a tentativa porque foram alvo de tantas zombarias que se tornaram um risco para o movimento feminista americano. A invenção e a difusão da bicicleta, porém, que estava bem-estabelecida na altura dos anos 1890, justificou o uso de calças pelas mulheres, já que era quase impraticável pedalar usando uma saia. De início elas usaram uma espécie de saia-calça, mas pouco a pouco isso deu lugar a calças comuns. A partir dos anos 1920 e 1930, tornou-se mais usual o uso de calças (tanto longas quanto curtas) por mulheres para a prática de esportes e atividades de lazer. Apesar disso, várias décadas se passariam antes que uma mulher pudesse ir de calça comprida ao escritório ou a uma festa sem suscitar olhares reprovadores.

Depois que as mulheres começaram a mostrá-las no século XX, as pernas se tornaram a parte mais erótica do corpo feminino. Há consideráveis variações históricas no tocante a que parte do corpo é considerada particularmente atraente, o que se reflete no fato de ela ser enfatizada ou coberta por roupas.[40] Há também variações no tocante a que cor de pele é considerada atraente. Antes da década de 1920, uma pele morena era considerada vulgar por brancos ricos, porque essa cor estava associada a trabalho físico sob o sol. Nos anos 1920, porém, americanos ricos começaram a passar férias na Riviera francesa, e logo se tornou moda estar bronzeado.[41] Nas décadas seguintes, o bronzeado intenso saiu um pouco de moda, talvez porque agora "todo mundo" tivesse recursos para passar férias no sul, ou em consequência de temores associados à saúde. Em geral, contudo, é difícil dizer atualmente que uma cor particular de pele é a norma única.

Uma parte do corpo que sofreu interessantes transformações em nome da moda foram os seios femininos.[42] Só em meados do século XV foram desenvolvidas roupas que deixavam óbvio que as mulheres tinham seios e chamavam parcialmente a atenção para esse fato, embora ele ficasse bem disfarçado. Dois séculos se passariam antes que seios abundantes fossem apresentados como atraentes. Até então, eram considerados comuns e vulgares – de modo algum apropriados para os escalões mais altos da sociedade, que eram normativos.[43] Os seios ideais tornaram-se maiores durante o século XVII, antes de diminuir mais uma vez no século XVIII, assumindo uma forma de maçã que foi conservada como o padrão até o fim do século XIX, quando novamente se tornaram mais fartos e mais centrais para a "feminilidade". O tamanho ideal dos seios variou muito ao longo do século XX. É notável como o tamanho dos seios ideais correspondeu pouco ao do corpo ideal em geral. O "natural" seria que um corpo magro tivesse seios pequenos e um corpo ideal mais amplo tivesse seios grandes, uma vez que, apesar de tudo, há certa correlação entre o tamanho dos seios e a quantidade de gordura corporal nos demais lugares. Mas, ao que parece, ocorreu exatamente o contrário: corpos amplos tiveram seios pequenos e corpos delgados tiveram seios relativamente grandes – como é o caso hoje.

O que é "bonito", o que representa um desvio de uma norma de beleza e que papel tal desvio desempenha, tudo isso é relativo ao tempo e ao lugar.[44] Se procurarmos ideais universais de beleza, correremos o risco de sair de mãos vazias.[45] Além do fato de que traços simétricos foram, em geral, considerados atraentes e traços assimétricos o oposto, é muito difícil encontrar quaisquer qualidades "belas" universais. A simetria pode ser encontrada em muitas variantes: tanto em corpos delgados quanto em amplos, em olhos pequenos ou grandes, pernas curtas ou longas. Mesmo assim, ela é em geral uma característica central. Esta foi uma razão importante para que os experimentos de Rei Kawakubo com formas assimétricas tenham sido considerados intrigantes. Suas roupas reescreviam o corpo, e consta que ela teria dito que, em seu trabalho, "o corpo se torna roupa se torna corpo".[46] Vestida com essas roupas, a figura humana parece distorcida, mas bela, de tal modo que Kawakubo dá a impressão de estar questionando a simetria como um ingrediente necessário do ideal de beleza. Kawakubo cria roupas que parecem "antinaturais" a um olhar ocidental, porque não obedecem a convenções ocidentais, mas isso também deixa claro em que medida nossa maneira de ver é determinada por essas convenções, pois percebemos que elas poderiam ser diferentes.

6. Moda e arte

> There you are
> at another preview
> In a pose
> The artist and you
> To look so loud
> may be considered tacky
> Collectors wear black clothes
> by Issey Miyake.*
>
> Pet Shop Boys[1]

A SEPARAÇÃO ENTRE AS ARTES E OS OFÍCIOS ocorrida no século XVIII inseriu a costura decididamente nesta última categoria. As roupas foram situadas numa esfera extra-artística – em que, na maioria dos casos, permaneceram. Desde que a alta-costura foi introduzida, por volta de 1860, a moda aspirou a ser reconhecida como uma arte de pleno direito. Esse foi claramente o caso de Charles Frederick Worth e Paul Poiret. A carreira de Worth promoveu a "emancipação" do estilista, que deixaria de ser um simples artesão, inteiramente subordinado aos desejos do cliente, para ser um "criador livre" que, em conformidade com a visão romântica da arte, criava obras com base em sua

---

* Lá está você / em mais um vernissage / Numa pose / o artista e você / Parecer tão chamativo / pode não pegar bem / Colecionadores usam roupas pretas / de Issey Miyake. (N.T.)

própria subjetividade. Worth, que abriu sua *maison* em Paris em 1857, foi o primeiro verdadeiro "rei da moda". Ele escolhia os tecidos, desenvolvia um modelo e produzia a roupa. Foi com ele que os estilistas também começaram a "assinar" suas produções, à maneira dos artistas, inserindo nelas uma etiqueta. Na verdade, essa liberdade era bastante restrita, já que as criações tinham de corresponder às preferências estéticas do cliente – que se recusaria a pagar por roupas que não pudessem ser usadas. Isto significa, por sua vez, que não era permitido às criações se afastar em excesso de todos os estilos dominantes na época. Apesar disso, foi Worth que iniciou a luta para que o estilista fosse reconhecido como um artista em pé de igualdade com os demais. Conscienciosamente, ele se vestia "de maneira artística", colecionava obras de arte e antiguidades e contratou fotógrafos renomados, como Félix Nadar, para retratá-lo.[2] O anseio de obter reconhecimento artístico mediante a coleção de obras e a organização de exposições foi típico, em grau ainda maior, de Paul Poiret, que em 1913 declarou categoricamente: "Sou um artista, não um costureiro."[3] Ele começou a dar às suas criações nomes como "Magiar" e "Bizantino", em vez dos números usados até então, provavelmente para acrescentar uma dimensão simbólica adicional às roupas.

Os estilistas nunca conseguiram ganhar pleno reconhecimento como artistas, mas continuam tentando. Um dos exemplos mais impressionantes desse anseio foi a emergência das "roupas conceituais" nos anos 1980. Uma estratégia muito difundida consistiu em virar tradições pelo avesso, como quando Gaultier desenhou seu famoso espartilho que devia ser usado por cima de outras roupas, e Helmut Lang fez vestidos com ombreiras do lado de fora. Entre as modificações mais moderadas de normas, cabe mencionar as camisas de Comme des Garçons, com dois colarinhos e botões de vários tamanhos, violando as convenções que estabelecem a aparência que uma camisa "deve" ter. Muitas roupas foram desenhadas com as costuras do lado de fora, o que pode ser comparado à tendência na arte moderna a acentuar a materialidade da obra, por exemplo deixando os traços a lápis claramente visíveis na pintura. Nos anos 1980, Rei Kawakubo começou a criar tecidos com "defeitos", "sabotando" as máquinas que os produziam e deixando-os depois expostos à ação do tempo por dias a fio.

Muitos estilistas usaram estratégias comumente mais associadas às artes contemporâneas que ao mundo da moda, criando roupas mais apropriadas a exposições em galerias e museus que a serem realmente usadas. Os desfiles de Hussein Chalayan se assemelharam muitas vezes mais a instalações de arte que a desfiles de moda. Numa mostra de 1994, por exemplo, as roupas foram acompanhadas por um texto que explicava como tinham sido produzidas, e como tinham passado várias semanas enfiadas debaixo da terra antes de serem desenterradas e mostradas na passarela. Ele afirmou, com certa razão, que muitas de suas criações ficariam melhor numa parede de museu que num corpo humano. Muitas vezes, a exibição de roupas em desfiles tem contrariado por completo as expectativas da plateia, como quando Martin Margiela eliminou a passarela e mostrou uma coleção na completa escuridão, iluminada apenas por guarda-chuvas carregados por "assistentes de moda" de paletó branco, ou quando mostrou apenas roupas em cartazes empunhados por "modelos" não muito glamourosas. Em certa ocasião, ele decidiu simplesmente não mostrar roupa nenhuma. Criou roupas com tecido de forro, costuras externas e fios de linha soltos. A etiqueta, aquela parte essencial de todo item de moda digno desse nome, na forma de um quadrado branco sem nenhum texto, parecia ter sido pregada de maneira descuidada, de modo que era preciso removê-la para não criar vincos na roupa. Para 2001, ele fez uma coleção em tamanho 74, grande demais exceto para gigantes, chamando assim a atenção para a padronização do corpo na indústria da moda. Apesar de tudo isso, Margiela insiste que a moda é um ofício, não uma arte.[4] O modo como suas criações são apresentadas, porém, indica que elas devem ser consideradas precisamente como arte. Desse ponto de vista, a insistência de Issey Miyake de que ele faz *arte* e não moda parece mais digna de crédito.

Essas roupas não foram feitas apenas para serem roupas-como-arte, mas também para funcionar como um investimento na marca, de modo a gerar renda. Dissociar-se do mercado sempre foi uma estratégia importante para aumentar o capital cultural, mas o objetivo de aumentar o capital cultural da moda é em geral usá-lo depois para aumentar o capital financeiro. A moda sempre se situou num espaço entre arte e capital, no qual muitas vezes abraçou o lado cultural para abrandar seu lado financeiro. Comme des Garçons, de Rei Kawakubo, é, apesar de toda a sua estética de vanguarda, um negócio que movimenta mais de 100 milhões de dólares por ano. Por mais engenhosos que os anúncios de moda se tornem, continuam sendo anúncios. As revistas de moda, no entanto, são projetadas de uma forma que torna difícil distinguir entre material editorial, contribuições artísticas e publicidade. A quantidade de publicidade aumentou enormemente e agora ocupa cerca de três vezes mais páginas que o material editorial numa edição normal da *Vogue*, mas é apresentada de tal maneira que é difícil detectar o que está realmente sendo anunciado. E como "jornalismo de moda crítico" é algo que praticamente não existe, é difícil considerar o material editorial como outra coisa senão publicidade. Uma razão importante para a moda não ter alcançado o mesmo reconhecimento que outras formas de arte é que existem tradições de crítica séria nos campos das artes visuais, da música, da literatura e do cinema, ao passo que no campo da moda isso está quase totalmente ausente.[5] A imprensa é decisiva para "criar os criadores", como disse Bourdieu.[6] Isto se aplica, é claro, a todas as formas de jornalismo, e Bourdieu salienta que é tarefa dos críticos e jornalistas produzir uma crença nos objetos naqueles campos sobre os quais escrevem, o que, por sua vez, fortalece a posição deles mesmos. Isso é extremamente óbvio no jornalismo de moda, que luta por credibilidade ao mesmo tempo que tende a ser excessivamente acrítico. As ligações entre a imprensa e a indústria são tão estreitas que é difícil considerar a imprensa de moda como outra coisa senão o braço estendido das *maisons*.*

Desde o tempo de Paul Poiret, a arte foi usada para aumentar o capital cultural do estilista.[7] Coco Chanel, por exemplo, passava muito tempo cultivando contatos com artistas famosos, apoiava apresentações de dança e organizava magníficos jantares com os convidados "certos" para aumentar seu capital cultural. Era amiga de Picasso e Stravinsky, e criou roupas para Cocteau e Diaghilev. O restabelecimento de relações

---

* Esse assunto é discutido mais a fundo no Apêndice.

amigáveis entre a indústria da moda e o campo da arte se intensificou muito nas décadas de 1980 e 1990. Os ateliês de moda empregaram artistas renomados para aumentar sua credibilidade artística, como quando Cindy Sherman fez fotos de moda para Comme des Garçons e Nan Goldin para Helmut Lang e Matsuda. Não foi um fenômeno completamente novo: Man Ray, por exemplo, fez fotografias de moda. Tracey Emin criou anúncios para Vivienne Westwood. Helmut Lang instalou um letreiro de neon de Jenny Holzer em sua butique de Nova York, Julian Schnabel trabalhou como designer de interior para Azzedine Alaïa, e Frank Gehry para Issey Miyake. Hugo Boss criou um prêmio de arte que é concedido em colaboração com o Guggenheim Museum, e Calvin Klein patrocinou várias exposições, enquanto Gucci foi mecenas do escultor Richard Serra e da artista performática Vanessa Beecroft.

Maisons como Prada e Cartier foram além do papel tradicional de patrocinadores da arte e fundaram seus próprios museus. A maioria dos grandes ateliês de moda patrocina museus de arte contemporânea para estreitar seus laços com o mundo da arte, sendo por vezes recompensada com exposições precisamente nessas instituições, que parecem ter uma habilidade "mágica" para transformar objetos comuns em algo mais elevado: "arte". Desde que o Metropolitan Museum of Art fez uma exposição de Yves Saint-Laurent em 1983 (embora no departamento de vestuário), houve uma sucessão de exposições sobre arte e moda.[8] Em 1997, Versace fez uma exposição no Metropolitan Museum of Art, e em 2000 o Guggenheim, em Nova York, obteve o maior sucesso de público de sua história com uma exposição de Armani, levada depois para Bilbao, Berlim, Londres, Roma e Las Vegas. No vernissage, Giorgio

Armani declarou-se orgulhoso por ter sido escolhido para "figurar junto a obras dos artistas mais influentes do século XX", embora tenha omitido a generosa soma que doou ao Guggenheim na forma de patrocínio. Essa exposição foi objeto de muitas críticas ácidas, em parte porque, em vez de ser uma retrospectiva das criações mais conhecidas do estilista, enfatizou principalmente suas coleções mais recentes, de modo que muitos tiveram a impressão de que ele havia comprado um espaço comercial no Guggenheim. Por trás dos esforços dos ateliês de moda para ganhar acesso a instituições de arte está presente a convicção de que estas possuem grandes valores simbólicos de que seria interessante participar. Uma das maneiras mais simples de acrescentar valor simbólico a um objeto é colocá-lo ao lado de outros que o possuem, porque esse tipo de valor é "contagioso". Mas acontece também que o objeto que transmite esse valor simbólico a outro perca, nesse processo, parte do seu próprio, e isto esteve por trás de muitas críticas feitas à permissão dada à moda para se introduzir em instituições de arte. Apesar disso, o valor simbólico especial da arte no mundo moderno é uma das razões por que ela é tão usada em contextos de publicidade.[9]

Nos anos 1920, a moda estava ombro a ombro com a arte e a arquitetura em matéria de "modernidade". A aparência reta, de peito chato, da moda feminina estava em perfeita conformidade com o tratamento de linhas e superfícies na arte cubista produzida na mesma época por pintores como Léger e Braque. Era uma moda que renunciava ao ornamento em favor do puro cultivo da forma, sendo como tal um exemplo notável de um *ethos* modernista. Chanel deu um passo radical ao basear suas criações para mulheres no vestuário masculino, não em modas femininas anteriores e em toques "exóticos". Esse movimento acompanhou a tendência geral da época rumo a formas mais simples. Chanel certamente não foi a única a criar essas roupas simples – e cobrar caro por elas –, mas conseguiu vender a ideia de que esse era o *seu* estilo, embora muitos outros estilistas estivessem fazendo roupas semelhantes. Enquanto Chanel representou o aspecto funcionalista do modernismo, Elsa Schiaparelli se voltou para o surrealismo e colaborou com Salvador Dalí para incorporar a moda ao movimento surrealista. Schiaparelli começou a usar novos materiais como celofane e vidro, criou chapéus moldados como sapatos e empregou cores normalmente consideradas feias – inclusive rosa-shocking. Provavelmente, foi a primeira estilista a de fato pertencer à vanguarda, e foi uma pioneira das estratégias de vanguarda usadas mais tarde pela moda, como contextualizar e descontextualizar objetos, misturar "sublime" e "ordinário" e usar cores e materiais inesperados.

No início do século XX, não era incomum que artistas visuais desenhassem roupas. Em 1906, por exemplo, Gustav Klimt fotografou sua grande amiga Emilie Flöge, a estilista, modelando dez vestidos criados por ele. Outros que colocaram as mãos na massa incluíram Henri Matisse, Salvador Dalí, Alexander Rodchenko, Sonia Delaunay, Natalia Goncharova e Oscar Schlemmer. Em 1965, Yves Saint-Laurent fez uma coleção inspirada em Mondrian, com os característicos padrões retangulares em cores vivas e largas linhas pretas. Continuou a fazer vestidos relacionados a pinturas, entre outros, de Andy Warhol e Roy Lichtenstein – bem como uma saia Picasso. Pouco depois Warhol fez um vestido de papel para o qual reciclou seu próprio motivo da lata de sopa, e Lichtenstein fez camisas. A pop art e a moda pareciam feitas uma para a outra. Levando esta ideia adiante, vários artistas, inclusive Jenny Holzer e Keith Haring, produziram camisetas para levar a arte para as ruas durante a *Documenta VII* em 1982. Ao mesmo tempo, houve muitos casos do contrário, e certas expressões artísticas, como o uso da "slogan art" por Jenny Holzer e Barbara Kruger, passaram a ser inseridas em contextos de moda – ver, por exemplo, as coleções de Katherine Hamnett.[10] Do mesmo jeito que a arte foi usada na moda, esta também foi usada na arte, como quando Cindy Sherman usou roupas de Gaultier em *Untitled #131* (1983).

No decorrer do século XX, a arte e a moda pareciam dois vizinhos que ora convivem alegremente, ora não suportam nem se ver. Ou talvez seja mais preciso dizer que houve uma assimetria nessa vizinhança, já que a moda sempre quis ser amada pela arte, ao passo que esta foi mais ambivalente, por vezes abraçando a outra só para repeli-la de novo.[11] A arte dos anos 1960, em particular a pop art, em geral viu a moda com bons olhos. Depois de 1960, aproximadamente, a total absorção num um único meio, à maneira defendida pelos expressionistas abstratos, não pareceu mais produzir resultados dignos de interesse. Podia-se dizer que o processo artístico pelo qual cada forma individual de arte deveria pesquisar principalmente seu próprio idioma havia se completado. Parecia óbvio que a arte devia voltar novamente sua atenção para o mundo à sua volta, e a moda se ofereceu como uma área para investigação artística. A arte dos politizados anos 1970, por outro lado, foi muito hostil à moda, que era vista como um indicador da imundície do mundo capitalista, da falsa consciência das massas e da sujeição das mulheres num mundo controlado por valores masculinos. A partir dos anos 1980, no entanto, a moda passou a ser mais uma vez aceita pela arte, que tem se mostrado mais disposta a absorver a cultura de consumo. O mínimo que podemos dizer é que nas duas últimas décadas a arte foi mais ambivalente em relação à moda, ao passo que nos anos 1970 a rejeitara inequivocamente.

Um momento importante da reaproximação mútua entre moda e arte ocorreu em fevereiro de 1982, quando a capa da influente revista americana *Artforum* mostrou uma modelo usando um vestido de noite desenhado por Issey Miyake. Não é raro que roupas e fotos de moda sejam usadas num contexto artístico, mas o que distinguiu essa foto de capa do *uso* comum de moda em arte foi que o vestido foi apresentado como algo que *em si mesmo* era arte. Em outras palavras, foi uma indicação de que o antigo sonho dos estilistas estava prestes a se realizar. Durante os anos 1980 e 1990 tornou-se cada vez mais usual que revistas sérias como *Artforum* e *Flash Art* mencionassem estilistas como Miyake, Kawakubo e Margiela, ao mesmo tempo que os ateliês de moda passaram a publicar mais anúncios nas várias revistas. Comme des Garçons produziu sua própria revista, o que levou um crítico a comentar: "As roupas que ela [Comme des Garçons] fabrica e vende são semelhantes a arte em todos os aspectos, só que não são arte. E agora ela criou uma das ótimas revistas de arte de nosso tempo, só que não é realmente uma revista de arte, mas um catálogo de roupas."[12] Esse crítico supõe que há uma linha divisória muito nítida entre arte e moda, mas, apesar disso, suas palavras sublinham a intensidade com que as duas áreas haviam se entrelaçado. A moda se aproximou da arte e a arte da moda de tal maneira que se tornou difícil fazer qualquer distinção clara entre as duas. Muitos dos artistas britânicos de maior destaque, entre os quais Tracey Emin, Marc Quinn e os irmãos Chapman, fizeram retratos e esculturas de Kate Moss para o número de janeiro de 2000 da *Vogue*, e o resultado está pelo menos em condições de igualdade com o que os museus de arte contemporânea exibem.

O aspecto mais "artístico" da moda está geralmente associado à sua exibição. Paul Poiret foi o primeiro estilista a transformar o desfile de moda num evento social impressionante, e Jean Patou levou isso mais longe; mas eles dificilmente teriam imaginado como os desfiles de moda se desenvolveriam perto do fim do século. Durante as décadas de 1980 e 1990 os desfiles se tornaram cada vez mais espetaculares e foram situados em arenas cada vez mais imaginativas, como quando John Galliano transformou um estádio de futebol numa floresta de conto de fadas. O padrão foi estabelecido quando, para o desfile de sua coleção de outono-inverno de 1984-5, Thierry Mugler quis recriar o nascimento de Jesus numa passarela cheia de freiras e querubins; para marcar o *finale*, uma modelo desceu do céu em meio a uma nuvem de fumaça e cascatas de confete cor-de-rosa. Na época, Mugler foi criticado por deixar que o espetáculo eclipsasse as roupas por completo, mas logo esses espetáculos de moda passaram a ser a regra, não a exceção.[13] Eles eram grandiosos e extravagantes para gerar o máximo de publicidade, e ficou claro que a alta-costura havia se tornado parte da indústria do entretenimento.[14] Um exemplo óbvio disso foi que as entradas para o desfile de Mugler foram vendidas para pessoas "comuns" – além da imprensa, compradores e outros convidados –, compondo um total de 6 mil espectadores. A alta-costura é, no mínimo, não lucrativa se compreendida como produção de roupas para venda; como estratégia de publicidade, porém, é bastante lucrativa. As *supermodels* desempenhavam um papel de destaque nesses espetáculos. Worth foi o primeiro estilista a usar manequins vivos para apresentar suas roupas, mas ele certamente não teria imaginado que chegaria o dia em que as *supermodels* que exibiam as roupas iriam ofuscá-las completamente. Até o início dos anos 1980, havia uma distinção entre modelos de passarela e fotográficas. As modelos de passarela tinham corpos em que as roupas a ser mostradas caíam bem, mas seus rostos podiam não ser igualmente atraentes. Quando os desfiles se desenvolveram a tal ponto que não se tratava mais basicamente de apresentar roupas, mas de emprestar glamour à marca, as modelos fotográficas tomaram conta da passarela.

Mas a moda recente não tem se dedicado exclusivamente ao glamour. Nos anos 1990, em particular, tendeu à agressão, à violência, à destruição e à sujeira.[15] Um dos desfiles mais extremos foi o espetáculo promovido por Rei Kawakubo para a première da coleção primavera de 1995 da Comme des Garçons. Ele foi realizado no 50º aniversário da libertação de Auschwitz, e as modelos de cabeças raspadas entraram na passarela com pijamas listrados obviamente semelhantes a uniformes de presidiários.[16] Provavelmente não foi mera coincidência, embora Kawakubo tenha insistido precisamente nisso (e recolhido as roupas imediatamente depois), e, como era inevitável, o episódio provocou uma gritaria. Mas isso provou também que nem toda publicidade é boa. Mesmo assim, é claro que esse afastamento do glamour em direção a efeitos de choque foi a repetição de uma tendência muito mais antiga na arte moderna. Em *A obra de arte na era da reprodutibilidade técnica* (1936),

Walter Benjamin afirmou que a essência da obra de arte havia sido radicalmente transformada pelas possibilidades técnicas da reprodução.[17] Enquanto tradicionalmente uma obra de arte se caracterizara por sua singularidade, uma vez que só existia um exemplar dela, agora se tornara reprodutível. Segundo Benjamin, a "aura" da obra de arte é ameaçada pela reprodutibilidade, porque sua singularidade é substituída pelo aparecimento *en masse*. Mas em vez de prantear a perda da aura, ele afirma que isso abre novos potenciais progressivos. A perda da aura não significa que a experiência estética esteja perdida, o que faz é mudar sua natureza e abandonar o belo. Agora a experiência estética tem de ser liberada pelo *choque*, afirma ele. Como sabemos, as estratégias de choque tornaram-se um elemento central na arte moderna, e nesse sentido as obras do acionismo vienense dos anos 1960 e 1970 foram um ponto alto. É possível ver aqui uma analogia com a moda, em que originais únicos (alta-costura) são substituídos por um número infinito de "cópias" reprodutíveis (prêt-à-porter). Mas o que é realmente comprado e vendido são as coleções desse último tipo, e também elas têm de ser esteticamente interessantes. A solução reside em tentar preservar a aura da alta-costura e alegar que essa aura, por meio da marca, foi herdada pelas coleções de prêt-à-porter. Se a aura pôde ser mantida na alta-costura e transmitida para o prêt-à-porter, no entanto, é duvidoso. Talvez esta seja a razão pela qual a moda abandonou tanto a estética da beleza no fim do século XX, e estilistas presumivelmente tão controversos como Alexander McQueen tornaram-se tão centrais.

As coleções de McQueen, que tiveram títulos como *Highland Rape* e *The Golden Shower*, abraçaram em grande medida uma estética de vanguarda. Elas quase gritam que são ARTE e não algo banal como roupas "comuns". (A integridade artística, contudo, não vai muito longe: o nome *The Golden Shower* foi substituído por *Untitled* quando o patrocinador de McQueen, a American Express, protestou contra as conotações sexuais do título.)[18] A apresentação de *Highland Rape* foi fortemente criticada por explorar violência sexualizada, mas o próprio McQueen afirmou que seu objetivo era chamar a atenção para a violação das Highlands escocesas pelos britânicos no século XVIII e condená-la.[19] O principal personagem da segunda coleção de McQueen para Givenchy, *Eclect Dissect* (verão de 1997), foi um cirurgião e colecionador que, na virada do século XVIII para o século XIX, viajou pelo mundo todo colecionando objetos exóticos, inclusive mulheres, para dissecá-las e recompô-las novamente em seu laboratório. O tema então popular do *"serial killer"*, enfocado em vários filmes, foi associado às modas vitorianas. Sob muitos aspectos, foi uma performance bem-sucedida, do ponto de vista estético – pois tratou-se de uma performance, mais que de qualquer outra coisa –, mas ao mesmo tempo deu a impressão de estar se esforçando um pouco demais para ser arte e não um desfile de moda tradicional. McQueen declarou interesse, antes de tudo, em provocar uma reação na plateia, e preferiu um desfile que provocasse náusea a um que fosse apenas um agradável coquetel.[20] Esta é indubitavelmente uma postura artística de vanguarda. Postos num contexto de arte, porém, *Highland Rape* e *Eclect Dissect* perdem muito de seu vigor. A estética da transgressão já tinha sido levada tão longe na arte que esses desfiles provavelmente não teriam produzido quaisquer reações dignas de nota num contexto puramente artístico. Se despertaram tanta atenção foi precisamente por serem eventos de *moda*, e o efeito de choque dificilmente poderia ter sido transferido para um contexto de arte. O mesmo se aplica ao show de moda que Dario Argento, o mestre dos filmes de horror, dirigiu para Trussardi em 1986, em que os modelos eram aparentemente assassinados com uma faca e arrastados para fora do palco.

Perto do fim do século XX a moda parecia ter de fingir ser de vanguarda para ser vendável para as massas, embora uma vanguarda para as massas pareça ser uma contradição em termos. Para ganhar atenção, a moda abraçou o extremo oposto daquilo a que fora tradicionalmente associada, cobrindo o glamour com sujeira. O resultado foi o *"heroin chic"*, que na prática tornou-se uma paródia não intencional do estilo da rua. Essa tendência foi brilhantemente satirizada no filme *Zoolander* (2001) de Ben Stiller, em que o perverso guru da moda Mugatu (Will Ferrell) apresenta a coleção *Derelicte*, segundo ele "o futuro da moda" e inspirada nos "próprios sem-teto, vagabundos e mulheres que se vendem para comprar crack, os quais tornam esta cidade tão singular". Isto é mais que um débil eco da declaração de Christian Lacroix à *Vogue* (abril de 1994): "É terrível dizer, muitas vezes as roupas mais sugestivas são as das pessoas mais pobres."[21]

Esta é a consequência lógica da declaração de Yves Saint-Laurent em 1968: "Abaixo o Ritz – viva a rua!" Aqui, Saint-Laurent está realmente batendo a uma porta que estava aberta havia muito, já que desde os anos 1950 estilistas haviam brincado de imitar as novas modas de rua que começavam com adolescentes da classe trabalhadora e se espalhavam entre jovens das classes média e alta. De fato, Chanel já havia afirmado que a moda só existe na medida em que causa um impacto nas ruas.²² Se for assim, a alta-costura não tem muito a ver com moda há bastante tempo. Num grau cada vez maior, ela se inspirou na rua, mas nem por isso teve necessariamente algum impacto sobre o cenário das ruas. Segundo Lacroix: "Até para a *couture* precisamos de uma influência da vida real, pois se a restringirmos a vitrines e museus nós a mataremos." Depois de incorporada à alta-costura, porém, "a rua" custa centenas de vezes mais, em virtude de não ser mais simplesmente "estilo de rua", transformada que foi – de uma maneira mágica ou de outra – por um estilista. O que é sujeira na rua não é mais sujeira comum depois da alquimia operada pelo estilista. A sujeira é meramente decoração: nunca lhe é permitido ser realmente suja. Futuristas como Giacomo Balla trabalharam com moda para romper a barreira entre arte e vida cotidiana, mas a parte da moda que mais se aproximou da arte foi aquela que se afastou o máximo possível da vida cotidiana. A indústria da moda insiste que ela é algo extraordinário, algo além dos itens de consumo da vida cotidiana. Até a moda inspirada na rua tem de ser extraordinária num sentido ou noutro. Não provém da vida cotidiana e não se destina a ela.

Segundo Walter Benjamin, a fotografia tende a embelezar seu objeto, sendo capaz, por exemplo, de transformar a pobreza num objeto de prazer. Escreve ele:

> Quanto mais ampla é a crise da presente ordem social, quanto mais rigidamente seus componentes se engalfinham em sua luta de morte, mais o criativo – em sua essência mais profunda um divertimento, por contradição nascido da imitação – se torna um fetiche, cujas feições vivem apenas na iluminação intermitente da moda cambiante. O criativo da fotografia é sua capitulação à

moda. *O mundo é belo* – esse é seu lema. Nisso é desmascarada a postura de uma fotografia que pode dotar qualquer lata de sopa de significação cósmica, mas não é capaz de apreender uma única das conexões humanas em que ela existe, mesmo onde temas mais rebuscados estão mais relacionados à vendibilidade que à revelação.[23]

Nas imagens de roupas na fotografia de moda não há, por exemplo, nenhuma ligação entre as roupas e suas origens, muitas vezes em fábricas com trabalhadores sub-remunerados.[24] As mais horrendas condições de trabalho podem ser transformadas num objeto de prazer. A foto separa o objeto de suas relações e o insere num belo mundo de sonho.

Nos anos 1990, a "realidade" era uma das coisas mais em moda. As fotografias de moda tinham de ser "realistas" e mostrar as modelos como pessoas "reais". As fotografias de Helmut Newton e Guy Bourdin dos anos 1970 tinham um toque de realismo cínico, mas o realismo dos anos 1990 foi consideravelmente mais longe, eliminando a maior parte do que ainda restava de glamour na fotografia de moda.[25] Entre os casos mais extremos estiveram as fotos de Jean-Baptiste Mondino no número de junho de 1994 de *The Face*, que mostram modelos posando com pistolas contra suas testas enquanto pinga sangue de seus lábios. Temas como violência, drogas, morte e sujeira marcaram a "entrada da realidade" na moda. É possível afirmar, contudo, que esses temas só puderam ser incorporados com tanta facilidade ao jogo da moda com as superfícies porque eles já tinham se difundido enormemente na cultura popular, em especial no cinema, que os transformou inteiramente em ficção. Desse ponto de vista, a moda é uma realização da afirmação de Baudrillard de que a economia da imagem substituiu o ser da "realidade". A realidade da moda é sempre irreal.

Verificamos que ocorreu uma troca cada vez mais ativa entre moda e arte, mas ainda temos de responder à pergunta: "Moda é arte?" Anne Hollander afirma categoricamente: "A roupa é uma forma de arte visual, uma criação de imagens com o eu visível como seu meio."[26] Ela não responde, porém, à questão de por que as roupas deveriam ser consideradas como arte quando tradicionalmente foram excluídas desse domínio. Seria uma boa ideia encontrar um critério capaz de decidir em que medida a moda está dentro ou fora da esfera da arte, mas é duvidoso que isso seja possível.

Suzy Menkes, editora de moda do *International Herald Tribune*, escreveu: "A moda genuína deve ser funcional e, portanto, só pode ser classificada como arte aplicada ou ofício. Se uma peça de roupa não é usável, não é moda. Mas poderia ser arte."[27] Este é um ponto de vista problemático. Menkes propõe a inadequação para o uso como um critério de demarcação entre arte e não arte. Trata-se de um critério tradicional, encontrado por escritores como Adorno.[28] Pode-se dizer que foi claramente formulado pela primeira vez em Kant, que em sua *Crítica do julgamento* (1790) distinguiu entre beleza livre e dependente.[29] Essa distinção tem a ver com a medida em que a experiência estética serve a qualquer propósito particular num sentido objetivo, isto é, a medida em que pode ser *usada* para alguma coisa. Segundo Kant, para ser um genuíno objeto de arte, um objeto de julgamento estético deve mostrar uma ausência de finalidade ou objetivo, ou melhor, deve ser objeto de um julgamento puramente estético. Deve estar claro a esta altura que praticamente todas as roupas têm esse tipo de finalidade. *Destinam-se* a algo: a ser usadas. Há sem dúvida algumas que foram concebidas de tal maneira que não podem ser usadas, mas são exceções. Por essa razão, as roupas praticamente desaparecem da estética kantiana. Ao mesmo tempo, é óbvio que o campo estético compreende muito mais que o pequeno grupo de objetos capaz de satisfazer às exigências kantianas. Esse ponto de vista kantiano é problemático, por um lado, porque encontramos uma série de objetos que, embora não utilizáveis, provavelmente não poderiam ser chamados de arte, e por outro lado porque parte da arte contemporânea tenta explicitamente ser útil.[30] Examinando o modo como a arte se desenvolveu nos últimos tempos, a inutilidade tornou-se um critério inútil para ela.

A estilista Zandra Rhodes, de sua parte, afirma que a moda é na verdade "mais relevante, mais artística" que a arte produzida atualmente, precisamente porque insiste num conceito de beleza em que a arte, de modo geral, perdeu o interesse.[31] Este ponto de vista não é menos problemático que o de Menkes. Rhodes supõe que a arte genuína deve estar necessariamente focalizada na beleza, mas esta é uma ideia que foi severamente criticada em relação à arte, à literatura e à estética filosófica nos últimos 150 a 200 anos. Ademais, Rhodes não parece ter apresentado um único argumento em defesa da ideia de que a beleza deve ser uma categoria estética privilegiada. Some-se a isto o fato de que seções da vanguarda contemporânea – as roupas de Margiela borrifadas com mofo, por exemplo – não se qualificariam, já que certamente não se pode dizer que a insistência na beleza é sua principal preocupação.

Nathalie Khan tem uma abordagem diferente. Segundo ela, o que faz com que obras como, digamos, as de Margiela sejam arte e não design é o fato de conterem um comentário reflexivo sobre a indústria da moda real da qual ele mesmo é parte.[32] Essa reflexividade tem sido uma característica comum de grande parte da alta-costura nas últimas décadas, em especial em vários estilistas belgas e japoneses. Esse tipo de reflexão sobre o próprio meio está estreitamente relacionado à autorreflexividade da arte moderna. Essa era a missão da arte moderna na opinião do teórico da arte Clement Greenberg, segundo o qual é da essência do modernismo que cada tipo de arte deva provar sua identidade própria, aquilo que é único dele, para sublinhar sua "autonomia absoluta".[33] Cada disciplina artística deve se "autocriticar" para distinguir o essencial em si mesma, de modo a chegar mais perto de uma realização de seu ser. Não é disparatado dizer que foi precisamente uma investigação desse tipo das roupas como um meio específico que foi empreendida por parte da vanguarda contemporânea da moda. Por outro lado, é preciso admitir que a moda efetuou esse processo de reflexão muitas décadas depois que a arte moderna havia completado essa tarefa – e reconhecidamente sem ter chegado a nenhum resultado final. Até a moda de vestuário mais avançada artisticamente fica para trás quando comparada à arte, e como tal não consegue corresponder a seus próprios ideais – ser inovadora. Considerada como arte, a moda simplesmente não está assim tão em moda. Dito isto, cabe acrescentar que a autorreflexividade dificilmente poderia funcionar como um critério necessário ou suficiente para a inclusão na arte. Em primeiro lugar, ela caracteriza muitas atividades – uma investigação metafilosófica, por exemplo – que não seria razoável classificar como arte. Segundo, é óbvio que grande parte da arte produzida não tem essa autorreflexividade como função principal.

É mais fácil, portanto, concordar com a afirmação de Sung Bok Kim de que a moda muito simplesmente é arte, porque os conceitos de moda e de arte foram expandidos de modo a conter as duas coisas.[34] O conceito de arte se expandiu tão radicalmente no século passado que é difícil pensar em algum objeto ou evento que não possa ser incorporado nele; tornou-se impossível traçar uma linha entre arte e não arte.[35] Desse ponto de vista, a pergunta "Moda é arte?" tornou-se supérflua, ou pelo menos bastante desinteressante. Quando voltamos os olhos para a arte e o discurso sobre a arte do século XX, podemos ver que, em grande medida, eles estavam sempre retornando à pergunta: *"Isto* é arte?" Esta indagação tornou-se supérflua, precisamente porque é preciso respondê-la sempre na afirmativa, uma vez que o ato de perguntar se alguma coisa é arte já a ancora firmemente no mundo da arte. Em vez de perguntar se algo é arte, deveríamos indagar em que medida é arte *boa* ou *relevante*. Consequentemente, devemos questionar em que medida a moda, vista como arte, é arte boa. É mais duvidoso que possamos dar uma resposta afirmativa em ampla medida.

Na minha opinião, alguns exemplos de moda estiveram absolutamente no mesmo nível da arte contemporânea. Não vejo em que as criações de Balenciaga nos anos 1950 foram inferiores a experimentos espaciais que estavam sendo explorados na escultura da época. As criações de Schiaparelli foram provavelmente tão avançadas quanto a maior parte da arte pictórica surrealista produzida nos anos 1920 e 1930. Os estilistas contemporâneos também empreenderam projetos de alta qualidade artística. A coleção de primavera-verão de Alexander McQueen em 2001 encenou uma reflexão interessante sobre a objetivação na moda. Uma grande caixa retangular feita de espelhos foi posta na passarela. O desfile começou com um atraso deliberadamente grande, de modo que as pessoas da plateia tiveram de passar muito tempo contemplando suas próprias imagens espelhadas, em vez de apreciar as modelos. Esse artifício foi particularmente significativo porque a plateia era composta em grande medida por jornalistas de moda, que ganham seu pão de cada dia dizendo aos outros que aparência eles devem ter. Os observadores tiveram de se auto-objetivar. Quando o desfile começou, esse processo foi invertido, e ficou-se sabendo que a caixa havia sido feita de tal maneira que as modelos em seu interior não podiam ver a plateia, somente seus próprios reflexos. Agora os presentes podiam observar as modelos sem serem vistos eles mesmos: estavam assistindo a uma espécie de *peep-show*. Estes são exemplos de moda que estão em condições de completa igualdade com a arte, embora a maior parte do que se tem feito seja artisticamente desinteressante. Em geral, a moda – se é que pode ser considerada arte – é uma arte bastante insignificante.

Pode a arte aprender alguma coisa com a moda? Pode, ao menos, aprender alguma coisa sobre si mesma. Oscar Wilde escreveu: "Claro que há modas na arte, exatamente como há modas no vestuário",[36] e não é preciso ser um grande *connaisseur* para perceber que isso é verdade. Não há nenhuma linha divisória clara entre arte e moda – não estamos contemplando dois mundos diferentes. Isso não ocorre porque a moda "ganhou" o nível de arte, mas porque praticamente tudo (inclusive a arte) está sujeito aos princípios da moda. O que interessa, certamente, não é que a arte esteja tentando de maneira intermitente ser "apenas" moda – nenhuma das áreas da moda jamais o fez, fosse a das roupas, da arte ou da filosofia –, mas sim que o *modus operandi* desta tenha se tornado uma parte cada vez mais crucial do desenvolvimento do campo artístico. Adorno afirma que a arte está sujeita a uma influência da moda de que não tem consciência:

> Apesar de ser manipulada comercialmente, a moda penetra profundamente nas obras de arte, e não apenas tirando partido delas. Invenções como a "pintura com luz" de Picasso parecem transposições de experimentos da alta-costura ... A moda é uma das maneiras em que movimentos históricos afetam o sensório e, através dele, as obras de arte, ainda que apenas por impulsos mínimos e quase imperceptíveis.[37]

Embora frequentemente se cometa o equívoco de elevar a arte acima do tempo, a moda tem "sua verdade como uma consciência inconsciente do núcleo temporal da arte".[38] A arte, como todas as outras coisas, está sujeita à moda, e precisamente por isso a moda contém essa "consciência inconsciente" das condições reais da arte. Ao mesmo tempo, cabe ressaltar que Adorno é crítico, para dizer o mínimo, da "arte que segue a moda", porque esta última, além de fornecer uma verdade sobre a arte, também lhe ameaça a autonomia.[39] "A arte não é algo puro que possa ser elevado acima da moda", escreve ele, mas ao mesmo tempo ela tem de "resistir à moda" para ser arte de pleno direito.[40] Em outras palavras, a arte deve se relacionar com a moda mediante um duplo movimento, reconhecendo o seu poder, e o fato de estar sujeita a ela, e combatendo precisamente esse poder. Para Adorno, a moda é o maior perigo para a cultura, porque claramente homogeneiza a sociedade e com isso a torna mais totalitária. A tarefa da arte em relação a isso é tomar consciência do perigo e incorporar uma reflexão sobre a significação da moda. A relação entre os dois campos deve portanto ser ambivalente – e essa ambivalência foi uma característica importante da pesquisa sobre a moda em contextos artísticos nas últimas décadas.

Na visão de Adorno, a arte deve incluir uma reflexão sobre como é influenciada pela temporalidade da moda. Se esta deve se tornar arte, isso significa também que a moda-como-arte deve refletir sobre a maneira como a arte da qual está tentando ser parte é influenciada pela temporalidade da própria moda. Mas nisso ela em geral fracassa, uma vez que não compreende que certos projetos artísticos já foram explorados, tornaram-se improdutivos ou, se preferirmos, "saíram de moda". É impressionante, por exemplo, como a moda muitas vezes – em especial nos anos 1990 – insistiu em retornar a uma vanguarda retórica que a arte basicamente já havia abandonado. Em sua tentativa de ser de vanguarda, ela em geral simplesmente repetiu gestos vazios já usados antes no campo da arte. É irônico, portanto, que artistas ao longo do último século tenham ficado cada vez mais preocupados com a moda. Em 1919, Max Ernst proclamou: *"Fiat modes – pereat ars"* ("Viva a moda – morra a arte").[41] Isto se destinava a ser uma afirmação do transitório, em contraposição ao eterno, em que a moda era um modelo para a arte. O paradoxo é que a arte continuou em moda, ao passo que definir qual moda deve ser considerada arte parece ter ficado basicamente fora de moda. Uma razão importante para a arte ter continuado em moda poderia ser que ela realmente consegue dizer alguma coisa de vez em quando, ao passo que a moda fica presa num círculo vicioso em que principalmente se repete e significa cada vez menos. Provavelmente não é exagero dizer que hoje a criatividade na moda está mergulhada numa crise – e é duvidoso que volte a emergir.

7. Moda e consumo

> I'm all lost in the supermarket
> I can no longer shop happily
> I came in here for that special offer
> A guaranteed personality*
> THE CLASH[1]

> — Lucidez. Completa lucidez, meu bem.
> — Gostaria de saber o que você quis dizer, Victor.
> — Três palavras, minha amiga: Prada, Prada, Prada.
> BRET EASTON ELLIS[2]

> — Gosta deles ou não?
> — Gosto, se forem Lacroix.
> *Absolutely Fabulous*[3]

NOSSAS VIDAS COTIDIANAS tornaram-se cada vez mais comercializadas, há um número crescente de mercadorias em circulação e cada vez mais tentamos satisfazer nossas necessidades e desejos através do consumo de mercadorias e serviços.[4] Que significa dizer que vivemos hoje numa "sociedade de consumo"? No princípio da era moderna, vivíamos numa "sociedade de produção", em que os cidadãos eram moldados

---

* Estou completamente perdido no supermercado / Não posso mais fazer compras alegremente / Vim aqui em busca daquela oferta especial / Uma personalidade garantida (N.T.)

sobretudo para serem produtores. Seu papel básico era produzir. Na sociedade pós-moderna, esse papel mudou e é como consumidores que seus membros são vistos.[5] Isso é resultado de um longo processo de desenvolvimento e certamente não significa que outrora as pessoas não eram consumidoras e que atualmente não são produtoras. Toda sociedade precisa tanto de produtores quanto de consumidores. A mudança tem a ver com que papel é o *principal*. Podemos incluir também neste ponto o fato de que passamos cada vez menos tempo de nossas vidas trabalhando. O sociólogo Manuel Castells estimou que na Europa Ocidental e na América do Norte logo estaremos reduzidos a 30 anos de trabalho numa vida que dura 75-80 anos.[6] Somos produtores, portanto, durante menos da metade de nossas vidas, ao passo que somos consumidores do nascimento à morte.

A cultura de consumo não é um fenômeno uniforme – seria mais preciso falar sobre ela no plural, como uma miríade de culturas de consumo. Os consumidores tampouco formam um grupo uniforme, mas tem havido uma tendência, em grande parte da teoria recente sobre o assunto, a enfatizar o consumidor "pós-moderno".[7] Mesmo que esse tipo de consumidor pareça ser cada vez mais numeroso, há muitos outros.[8] Cada população exibe vários padrões de consumo, ligados a fatores como geografia, idade e status financeiro.[9] Tal como o antropólogo Daniel Miller, não acredito que seja possível encontrar uma única explicação capaz de dar conta da diversidade do campo do consumo.[10] Há, por exemplo, compras altruístas, e, com base em levantamentos sobre o comportamento de consumidores, Miller criticou a visão muito difundida de que as compras são motivadas por materialismo egoísta.[11] Ele enfatiza que, ao contrário, amor e interesse pelos que nos são mais próximos são fatores decisivos em uma explicação satisfatória para o que as pessoas compram e por quê. Esta é uma descrição encantadora, e sem dúvida pode lançar luz sobre alguns tipos de compras, mas a maior parte do que é comprado é adquirida pelo consumidor individual para si mesmo. Uma razão óbvia para consumir é que certas necessidades da vida, como comida e bebida, simplesmente têm de ser satisfeitas, mas a compra desses itens constitui uma parte cada vez menor do consumo das pessoas. Nas teorias econômicas liberais clássicas, a tarefa do consumo é satisfazer necessidades já existentes, mas essas teorias só conseguem descrever uma parte limitada da questão. Não consumimos apenas para suprir necessidades já existentes: nós o fazemos provavelmente para criar uma identidade. Além disso, o consumo funciona como um tipo de entretenimento.[12] É um meio cada vez mais usual de combater o tédio, como escreve o sociólogo Zygmunt Bauman: "Não se entediar – nunca – é a norma da vida do consumidor."[13] Vou me contentar em destacar num único aspecto, que considero essencial: a dimensão simbólica do consumo e o papel que tal consumo simbólico supostamente desempenha na formação da identidade.

Os antropólogos Mary Douglas e Baron Isherwood afirmam que "as mercadorias são neutras e o modo como são usadas é social: elas podem ser usadas como barreiras ou pontes".[14] Não é despropositado ser cético com relação a essa divisão entre a mercadoria "em si mesma" e seu uso. O melhor seria dizer que o uso é uma parte decisiva do significado de uma mercadoria particular, mas o mais importante é que mercadorias em uso não são neutras. Elas têm funções, que segundo Douglas e Isherwood são fundamentalmente duas: pontes e barreiras. Elas ligam pessoas entre si ou as separam umas das outras – tal como as forças "socializantes" e "diferenciadoras" de Simmel. É enganoso afirmar que as mercadorias podem ser usadas como barreiras *ou* pontes. Para que sirvam ao estabelecimento de uma identidade, o decisivo é que tenham ambas as funções. Fazer uma demarcação, dizendo por exemplo que uma pessoa *não* se veste como a maioria, é insuficiente para constituir uma identidade. É preciso haver também uma identificação positiva.[15] "Não sou hippie" só fornece uma identidade extremamente imprecisa, que precisa ser expandida por uma identificação positiva, tal como: "Não sou hippie porque sou um roqueiro punk." A identidade social, em outras palavras, exige tanto uma demarcação negativa quanto uma identificação positiva.

No Capítulo 3 tratamos de várias teorias segundo as quais o consumo em geral (e o consumo de moda em particular) deve ser explicado com base na diferenciação de classe. Gilles Lipovetsky rejeita esses modelos, que dão uma ênfase unilateral ao consumo como controlado por ambições e pelo reconhecimento social. Em sua opinião, ele é mais motivado por um desejo de experimentar bem-estar e prazer.[16] Essas motivações não são, é óbvio, mutuamente exclusivas. A ideia de que o consumidor é controlado mais especialmente pelo prazer é desenvolvida de maneira muito mais convincente pelo sociólogo Colin Campbell que por Lipovetsky.[17] Campbell descreve como o hedonista tradicional, que se entregava a prazeres sensuais, se transformou num hedonista moderno, romântico, que vive no imaginário e para o imaginário, transformando-se por fim no consumidor moderno ou pós-moderno. Campbell enfatiza que a lógica cultural da modernidade não é somente a da racionalidade instrumental, mas também a da paixão e do desejo.[18] Isso é bastante claro no campo da moda. Não importa o que possamos pensar sobre o típico escravo da moda, não é a racionalidade instrumental que está subjacente à sua vida de ação. O consumidor pós-moderno projeta um gozo idealizado sobre produtos cada vez mais novos, uma vez que os velhos e bem conhecidos perdem pouco a pouco sua capacidade de encantar. Como escreve Campbell, há uma relação entre o incessante desejo de estimulação emocional do romântico e o desejo do "objetos dos sonhos" do consumidor pós-moderno (o carro dos sonhos, as férias dos sonhos etc.). Em completa conformidade com isso, Richard Avedon declarou em 1984 que seu papel como fotógrafo da *Vogue* consistia em "vender sonhos, não roupas".

O consumidor romântico anseia por um objeto absoluta ou infinitamente satisfatório, mas, como mostrou o romântico Friedrich Schlegel, quem deseja o infinito não sabe o que deseja.[19] Quando ele obtém o novo produto, este sempre acabará se revelando uma decepção. Desse ponto de vista, o capitalismo romântico e o moderno combinam-se perfeitamente:[20] o capitalismo só pode funcionar enquanto o consumidor continuar comprando novos produtos, e o consumidor romântico depende de um influxo constante desses novos produtos porque nenhum deles satisfaz o seu desejo. Haverá sempre um abismo entre o produto tal como imaginado e o objeto real. Este foi também um ponto central no estudo do sistema da moda de Roland Barthes: a roupa que desejamos é a roupa representada, mas na realidade nunca seremos capazes de usar outra coisa senão a roupa "usada". Como Campbell o expressa, a diferença entre o objeto imaginário e o objeto real cria um "desejo contínuo" que impele o consumo.[21]

A emancipação romântica de normas e restrições dá um alcance maior ao consumo. Ele se torna uma área central em que as pessoas podem desenvolver sua liberdade, o que por sua vez tem um efeito consolidante sobre o próprio sistema de consumo.[22] Entre outras coisas, ele se torna uma maneira de expressarmos nossa própria individualidade. Muitos afirmam agora que a luta contra a sociedade de consumo é o mais importante movimento contracultural de nosso tempo. Kalle Lasn, o fundador da Adbusters, afirma que esse movimento é tão importante hoje quanto, por exemplo, os ativismos feminista e ambiental foram anteriormente.[23] A crítica da sociedade de consumo baseia-se muitas vezes em ideias errôneas sobre consumo, como a de que consumismo é sinônimo de conformismo – e de que como contraculturalistas nós nos posicionamos nela como individualistas e conseguimos de uma maneira ou de outra nos esquivar das forças do mercado. Nos últimos 40 anos, porém, o individualismo e a contracultura foram pedras angulares na publicidade que busca nos fazer consumir mais. Não consumimos para nos tornarmos conformistas, sim para expressar uma individualidade. Se fizermos uma crítica do consumo na forma de uma crítica da conformidade, acabaremos no campo errado, porque estaremos negligenciando o fato de que a retórica da sociedade de consumo é esmagadoramente baseada na retórica da contracultura clássica.

O teórico da cultura Michel de Certeau e outros focalizaram o consumo como um processo *significativo* em que indivíduos são *criativos*.[24] Um problema importante da interpretação do consumismo como conformismo é que ela nos apresenta como completamente passivos em relação ao consumo, ao passo que nós mesmos – com boa razão – nos percebemos como ativos e seletivos, e por isso a crítica nos parece pertinente à nossa própria autocompreensão. Nas interpretações do consumo como conformismo ficamos muitas vezes com a impressão de que há pessoas poderosas instaladas na indústria da moda que decidem, de maneira ditatorial, que aparência devemos ter na próxima estação. Mas essa imagem não corresponde à realidade. Nunca foi verdade que os consumidores simplesmente se permitem ser comandados pela indústria da moda. Se olharmos para cem anos atrás, a época de Paul Poiret, só cerca de 10% das roupas numa coleção normal obtinham a aprovação dos consumidores.[25] Há inúmeros exemplos de tentativas da indústria da moda de lançar certas cores e formas, para descobrir depois que os consumidores se recusavam a comprá-las. Se a massa dos consumidores não quiser um estilo, não adianta muito que a imprensa de moda o elogie em bloco – como quando Christian Lacroix foi elogiado pela imprensa por sua saia balonê curta de 1987. A venda de prêt-à-porter nas lojas foi um fracasso e a reputação de Lacroix foi afetada. Os consumidores são ativos e seletivos, e a crítica do consumismo, para ser digna de crédito, deve corresponder à prática e à autocompreensão do consumidor. A ideia de que ele é quase hipnotizado pelo marketing foi seriamente proposta pela primeira vez nos anos 1950 pelo crítico da cultura Vance Packard,[26] e, embora possamos dizer que foi inteiramente refutada, ainda reemerge a intervalos regulares.[27] Obviamente a publicidade tem uma influência, do contrário provavelmente não existiria, mas em vez de sofrerem uma "lavagem cerebral", os consumidores agem deliberadamente. Por outro lado, parece não haver limites para o grau de impotência e confusão atribuído ao consumidor no mundo pós-moderno. Ao que se diz, até nossa capacidade de nos orientarmos espacialmente sucumbe na sociedade de consumo. Segundo o teórico da literatura Frederic Jameson, "o hiperespaço pós-moderno conseguiu finalmente transcender as capacidades do corpo humano de se localizar".[28] O espaço pós-moderno, criado na fase do capitalismo tardio, teria se desenvolvido mais rapidamente que a subjetividade humana, de modo que nos tornamos completamente desorientados. Esse argumento foi levado mais adiante pelo pesquisador social Rob Shields, que afirma que essa perda de orientação arrancou todo o controle de nossas mãos, e nos deixou vagando para lá e para cá no shopping center mais ou menos passivamente.[29] Na verdade, porém, levantamentos sobre a capacidade de orientação das pessoas e seu comportamento de consumo, que compararam shopping centers mais tradicionais com outros mais "pós-modernos", indicam que as pessoas não parecem ter muita dificuldade em se orientar nestes últimos.[30] Nem as construções mais complexas em termos de arquitetura deixaram as pessoas mais perturbadas ou mais tranquilas. Na verdade, elas tendiam a procurar se orientar logo – e conseguiam fazê-lo muito rapidamente. Elas tampouco pareciam propensas a consumir mais do que de costume, comprando de acordo com suas preferências usuais. A sociedade de consumo pós-moderna é supercomplexa, e as mercadorias *de fato* adquiriram muito poder, mas é desnecessário exagerar essas características de maneira tão extrema como fazem alguns teóricos.

Uma crítica mais ponderada e plausível pode ser encontrada em *A filosofia do dinheiro* (1900) de Georg Simmel, em que ele descreve como tudo na cultura se torna objetivado, como a natureza de fetiche que Marx atribui à mercadoria se aplica a todos os fenômenos culturais, e a alienação que Marx descreveu na relação entre operário e produto se aplica em geral à relação do homem moderno com seu ambiente.[31] Para Simmel, o consumo é um campo privilegiado para o cultivo do eu, porque este se forma numa interação com objetos – inclusive outros sujeitos – no mundo, e o consumo oferece ricas oportunidades para essa interação, uma vez que requer uma integração entre o consumidor e o objeto de consumo. Quanto maior é a distância simbólica entre o eu e o objeto, mais exigente se torna a tarefa de integração. A separação entre operário e produto de que Marx tratou por meio do conceito de "alienação" cria precisamente essa distância simbólica; quando, como consumidores, temos de adquirir o produto com a ajuda de dinheiro, a integração do objeto ao eu exige um maior esforço simbólico. Ademais, o mundo moderno se caracteriza por um enorme aumento do número de objetos entre os quais o consumidor pode escolher. Segundo Simmel, o consumidor fica simplesmente esmagado por essa pletora de mercadorias, tornando-se incapaz de integrar adequadamente o objeto de consumo a seu projeto de vida. Em consequência, o sujeito fica à mercê das mudanças na cultura objetiva (i.e., às coisas), incapaz de transformar as coisas em instrumentos para seu próprio projeto de vida:

O desenvolvimento da cultura moderna é caracterizado pela preponderância do que podemos chamar de espírito objetivo sobre o espírito subjetivo. Isto é, tanto na linguagem como na lei, na técnica de produção como na arte, na ciência como nos objetos do ambiente doméstico, está incorporada uma soma de espírito. O indivíduo em seu desenvolvimento intelectual acompanha o crescimento desse espírito de maneira muito imperfeita e a uma distância cada vez maior.[32]

Seria possível dizer que o sujeito é declarado sem autoridade pelos objetos. Nesse contexto, Simmel se refere especificamente às relações entre as modas no vestuário e aqueles que as usam.[33] As roupas deveriam ser adaptadas aos sujeitos, já que foram originalmente criadas por estes para serem usadas por eles mesmos, mas em vez disso são os sujeitos que têm de se adaptar aos objetos (as roupas). O escritor Giacomo Leopardi descreve isto em seu "Diálogo entre Moda e Morte", em que a Moda diz:

> Na verdade, em geral eu convenço e obrigo todas as pessoas civilizadas a suportar todos os dias mil dificuldades e desconfortos, muitas vezes com dor e agonia, e algumas até a morrer gloriosamente, por amor a mim. Nem quero mencionar as dores de cabeça, os resfriados, as inflamações de toda sorte, as febres cotidianas, terças e quartãs que os homens apanham para me acatar, dispondo-se a tiritar de frio ou sufocar de calor segundo meus desejos, cobrindo suas cabeças com pano de lã e seus seios com linho, e fazendo tudo quanto lhes é nocivo...[34]

O que é criado por sujeitos e para sujeitos transforma-se em objetos que se dissociam de sua origem e passam a seguir uma lógica própria. A cultura moderna é um resultado inevitável do desenvolvimento da cultura, em que mercadorias, conhecimento e tecnologia passam a predominar sobre a humanidade. Esse é o núcleo do que Simmel chama de "a tragédia da cultura".[35] Em sua visão, o homem é suplantado por um espírito objetivo que ele mesmo criou. Uma reação a isto é que os indivíduos tentam se afirmar como algo especial. Os indivíduos "são cada vez mais compostos de conteúdo impessoal e ofertas que buscam suplantar as entonações e características pessoais – de modo que, se a vida desejar agora preservar o que tem de mais pessoal, precisa fazer um esforço supremo no sentido de se tornar distinta e especial".[36]

O paradoxal é que tentamos fazer isso consumindo objetos com um valor simbólico particular. Procuramos nossa identidade no que nos cerca no presente, nos valores simbólicos que nos são acessíveis. Como um último recurso, sem nada de coletivo a que recorrer, vamos em busca de grandes marcas na tentativa de nos individualizar. Por mais contraditório que seja, buscamos entidades extremamente abstratas e impessoais para mostrar quem somos como indivíduos únicos. Como Simmel enfatiza em sua filosofia da moda, esta sempre contém dois elementos opostos, por um lado permitindo a indivíduos mostrarem-se como si próprios, mas por outro sempre mostrando-os como membros de um grupo. Usar um item da moda é, desse ponto de vista, ser um paradoxo ambulante, abraçando e expressando individualismo e conformidade ao mesmo tempo.

Os símbolos que adquirimos dizem alguma coisa sobre quem somos. Nas palavras de Bourdieu: "O que está em jogo é de fato 'personalidade', i.e,. a qualidade da pessoa que é afirmada na capacidade de se apropriar de um objeto de qualidade."[37] O que é entendido por "qualidade" aqui é completamente determinado pelo campo social. Precisamos de *razões* para preferir uma coisa a outra numa sociedade de consumo. Precisamos de *diferenças*. Compramos essas diferenças, em particular, na forma de valores simbólicos. Podemos dizer que, em grande medida, o valor simbólico substituiu o valor de utilidade, isto é, que nossa relação com os objetos tem cada vez menos a ver com o uso. É claro que os objetos têm valores de utilidade – e em geral devem tê-los. Objetos puramente "decorativos" são uma exceção, mas o valor de utilidade por si só é insuficiente para distinguir produtos uns dos outros. Embora necessária, uma distinção no valor de utilidade pode ser extremamente marginal. Muitas vezes ocorre que quanto menores forem essas diferenças, mais importantes elas se tornam. O princípio de uma "diferença marginal" é particularmente óbvio no campo da moda do vestuário, embora tenha se difundido para objetos de todos os tipos. Provavelmente não poderíamos dizer que um terno Paul Smith tem um valor de utilidade essencialmente diferente ou maior que um Matalan, embora custe dez vezes mais. A diferença é simbólica, não funcional. A diferença em valor econômico não pode ser explicada com base no valor de utilidade. E não só todas as mercadorias foram transformadas em símbolos – todos os símbolos foram transformados em mercadorias. Baudrillard talvez seja o autor que extraiu as conclusões mais extremas disso. Já em 1968, ele escreveu que se o consumo tem algum significado, ele consiste na manipulação sistemática de *signos*.[38] Essa definição implica que, para se tornar um objeto de consumo, um objeto deve primeiro ser transformado num signo. Poderíamos resumir isto dizendo que a verdade sobre um objeto é sua marca.[39]

Mais do que nunca, o valor simbólico das coisas é vital para nossa identidade e autorrealização social.[40] E as coisas também passaram a se assemelhar mais a anúncios que a mercadorias tradicionais. O que é vendido é a *ideia* de um produto, e como consumidores compramos uma afiliação a essa ideia. Mas engana-se quem acredita ser esta uma maneira completamente nova de pensar. Quando os primeiros shopping centers foram fundados, a partir de meados do século XIX, eles eram lugares em que a experiência de comprar devia ser central, razão por que havia exposições de arte e música ao vivo em locais ricamente decorados. Quando a Selfridges foi inaugurada em Londres em 1909, seu anúncio evitava o marketing direto de qualquer coisa tão trivial quanto mercadorias: era uma *experiência de luxo* que era enfatizada. Já em 1907, consta que um empregado do departamento de decoração na loja da Wanamaker's na East 10th Street, Nova York, teria dito: "As pessoas não compram a coisa; elas compram o efeito."[41] Não há portanto nada de novo na ideia de que o item de vendas mais importante não é o objeto material, mas um "metaproduto".

Todas as mercadorias ganham um componente "cultural". Já em 1967, o situacionista Guy Debord observou: depois que a cultura se torna uma mercadoria, ela se torna também, verdadeiramente, a "principal mercadoria".[42] Ele previu que a cultura se tornaria a força propulsora da economia no final do século XX, assim como as ferrovias tinham sido na segunda metade do século XIX e o automóvel na primeira metade do século XX. Não é difícil ver que essa previsão foi bastante certeira. É o aspecto "cultural", não o "material", das mercadorias que está à venda. Segundo Baudrillard, todo consumo é o consumo de signos simbólicos. Até a mercadoria, depois de libertada de todas as considerações funcionais, é apenas um *signo*. Esse signo pode também perder qualquer relação com sua origem. Um exemplo extremamente eloquente disso é a marca Jill Sander, que tinha o nome do estilista seu criador. Em 1999, Jill Sander vendeu a maioria acionária da companhia à Prada. Muitas pessoas previram que não seria um casamento feliz. Tinham razão: cinco meses depois, Jill Sander deixou a companhia Jill Sander. Que fez então a Prada? Bem, continuou a produzir roupas Jill Sander, embora o próprio não tivesse mais nada a ver com elas. A marca se dissociara completamente de seu fundador.

Uma razão importante para que a grife tenha se tornado pouco a pouco tão importante foi o fato de que ficou cada vez mais fácil, e em particular cada vez menos dispendioso, imitar roupas caras mediante o uso de materiais sintéticos, produção mais eficiente e outros métodos etc. Uma cópia barata passou a poder ser encontrada na rua praticamente no mesmo instante em que o original caro era exposto na vitrine. Esse não era um fenômeno novo. Worth e Poiret não criavam suas coleções de alta-costura de olho apenas nos clientes ricos, mas para que fossem copiadas e vendidas em versões muito mais razoáveis em lojas – particularmente nas americanas.[43] Worth foi o primeiro estilista a pregar etiquetas com seu nome em roupas, para distinguir as "cópias autênticas" das "falsas", mas desde os anos 1880 se produziam etiquetas de marca falsas.[44] A cópia pirata tornou-se depois a atividade de uma indústria importante, em especial nos Estados Unidos; isso foi considerado um grande problema para os costureiros, que fizeram todo o possível para proteger suas marcas.[45] A prática de distinguir entre cópias "genuínas" e "falsas" foi continuada por outros estilistas. Era possível, por exemplo, comprar uma "cópia original" de Dior, isto é, uma roupa costurada com base em "desenhos originais". Essas cópias não deviam ser confundidas com cópias baratas. Mas qual é realmente a diferença entre uma roupa "genuína" e uma "falsa"? Muitas vezes, roupas "genuínas" de um estilista e cópias são produzidas nas mesmas fábricas na Ásia, de modo que as peças são idênticas em termos de qualidade, funcionalidade e aparência.[46] A única diferença entre o artigo genuíno e a cópia é que esta não paga uma remuneração à *maison* que desenhou a peça e detém os direitos da marca, de modo que o consumidor paga por ela apenas uma fração do preço. O que há de realmente errado com as cópias? Escreve Dokk Holm: "A mercadoria falsa é – quando revelada – um ataque à própria ideia de que os produtos têm um significado além do que é puramente funcional, técnico ou estético."[47] A cópia, ou falsificação, solapa uma dimensão simbólica em que recursos consideráveis foram investidos. A pessoa que produz ou usa uma cópia cria uma inflação na marca, e enfraquece o investimento daqueles que possuem o artigo "genuíno". Desse ponto de vista, o dono de um "original" sofre uma perda financeira imposta por quem usa uma cópia.

É óbvio que os ateliês de moda tentam combater as cópias piratas, pois elas lhes impõem um prejuízo financeiro. Esse prejuízo pode ser de dois tipos: eles perdem renda porque o consumidor deixa de comprar o artigo original ou porque a cópia enfraquece o valor da marca criando uma inflação nela. A marca é o verdadeiro sangue vital dos ateliês. Para sobreviver, eles têm de vender uma quantidade suficientemente grande dessa marca. Uma prática que aumenta a venda é o licenciamento. Elsa Schiaparelli foi a primeira estilista a fazer acordos desse tipo nos anos 1930, mas a prática tem raízes em Worth e Poiret. É difícil dizer quem licenciou seu logotipo para mais produtos, mas Pierre Cardin pode contar mais de 800 desses acordos. Algumas *maisons*, inclusive a Chanel, tiveram uma prática de licenciamento muito moderada, mas para muitos ateliês essa foi uma das mais importantes fontes de renda. Em certo sentido, é uma excelente ideia, pois gera uma renda relativamente grande sem que se precise levantar um dedo. Por outro lado, leva a uma diluição da marca e, a longo prazo, pode reduzir seu valor. Após um crescimento explosivo do licenciamento nos anos 1980 e 1990, as *maisons* parecem agora ter adotado uma linha mais restritiva.

Há muito tempo o mercado de moda não se concentra mais num pequeno punhado de clientes extremamente prósperos. Toda a economia da indústria provém de um grande grupo de consumidores anônimos. Ainda que um reconhecimento da alta-costura seja naturalmente importante para fins de prestígio, é a venda de pret-à-porter, acessórios, perfumes e licenças que garante o rendimento. Bolsas e outros acessórios são responsáveis por 65% do dinheiro movimentado por Gucci. Paul Poiret foi o primeiro estilista a lançar seu próprio perfume, "Rosine" (1911), e hoje todas as *maisons* têm uma vasta série deles – que, entre todos os produtos, são certamente os que dão lugar à maior diferença entre os custos de produção e o preço de venda. É pelo frasco que pagamos, não pelo conteúdo. Em geral, os perfumes têm sido uma linha de produtos mais "conservadora" que as roupas e têm havido menos tentativas de desafiar as normas que estabelecem os cheiros que os perfumes devem ter. Uma exceção à regra é "Odeur 53" de Comme des Garçons, uma *eau de toilette* que, segundo o anúncio, pretende ter cheiro de metal, celulose, removedor de esmalte, borracha queimada e outras essências. É duvidoso que alguém vá realmente usar semelhante *eau de toilette* e é mais razoável ver sua produção como um investimento no nome da marca, permitindo a Comme des Garçons consolidar sua reputação de vanguardista.

Até o início dos anos 1970, as etiquetas físicas eram bem pequenas e pregadas dentro das roupas, mas desde então se tornaram cada vez mais visíveis – exceto em roupas destinadas a verdadeiros *connaisseurs*, que não precisam disso para identificar um estilista, e nas quais a etiqueta em si está ostensivamente ausente. As etiquetas tornaram-se cada vez maiores e posicionadas de maneira mais central em roupas e acessórios. O uso generalizado do licenciamento reforçou essa tendência; além disso, todas as cópias não autorizadas, baratas, costumam adotar etiquetas ainda maiores. Lembro como, na adolescência, eu removia o crocodilo de uma camisa Lacoste surrada e o costurava numa camisa barata. Não havia sido pela camisa real da Lacoste que eu pagara um preço extravagante; fora mais pela marca, que continuava igualmente boa mesmo depois que a camisa se estragara. O produto que eu comprara fora a própria etiqueta – aquilo a que ela estava associada tinha menos importância.

É difícil *não* se preocupar com marcas na sociedade atual, – até uma criancinha de cinco ou sete anos, que em geral tem um vocabulário de 500 a mil palavras, é capaz de reconhecer cerca de 150 a 200 delas. Além disso, mesmo os que afirmam que as marcas não são importantes para eles permitem que elas desempenhem um papel significativo quando avaliam produtos. Em levantamentos que comparam avaliações de dois artigos idênticos, a não ser pelo fato de um ter uma marca e o outro não, as mercadorias de marca são avaliadas de maneira mais positiva por todos os grupos – inclusive aqueles que afirmam não se interessar por isso. Entre outras coisas, o item de marca é percebido como tendo mais qualidade.[48] Um item pode até ser atraente unicamente por exibir uma marca renomada – sendo secundário o tipo de mercadora de que se trata. Em 1999 a designer gráfica Fiona Jack convenceu uma companhia em Auckland a patrocinar uma campanha publicitária para o título Nothing™, com a instalação de grandes cartazes com slogans como "Aquilo que você anda procurando" e "Maravilhoso exatamente como você é". Quando a campanha foi encerrada, um terço da população de Auckland tomara conhecimento da marca, e muitas pessoas haviam telefonado para saber onde poderiam comprar esse produto. Nothing™ revelou-se um símbolo atraente, embora ninguém soubesse de que produto se tratava – e que na realidade era precisamente "nothing", nada.[49]

Por que temos interesse em consumir símbolos? A resposta mais comum é que queremos construir uma identidade. O consumo de símbolos é algo que vimos antes, quando, por exemplo, as pessoas consumiam para mostrar a afiliação a uma classe. Era isso que parecia central para teóricos como Veblen, Simmel e Bourdieu. Atualmente, porém, essa perspectiva é menos informativa por estar tão fortemente baseada num conceito de classe que não mais se aplica.[50] O consumo hoje está menos relacionado à identidade de classe que à identidade *pessoal*. Mas é aqui que o consumidor moderno está fadado a fracassar. O consumidor de Veblen pode ser capaz de exibir sua afiliação de classe por meio do consumo. O consumidor pós-moderno, por outro lado, não consegue estabelecer uma identidade pessoal por meio de seu consumo, porque o foco deste no presente solapa precisamente a formação da identidade. Se nossa identidade estiver diretamente ligada às coisas que nos rodeiam, ou melhor, ao valor simbólico dessas coisas, será tão transitória quanto esses valores simbólicos.

Além disso, não é claro o que exatamente esses símbolos simbolizam. Que *significam* eles? Houve tentativas anteriores de revelar um conteúdo bastante específico em valores simbólicos desse tipo – por exemplo a de Roland Barthes em *Mitologias* –, mas hoje muito pouca gente parece acreditar que é possível dizer que valores simbólicos têm um conteúdo semântico específico. Como foi mostrado no Capítulo 4, sobre moda e linguagem, as roupas também funcionam mal como meios de comunicação. O mesmo se aplica à maioria das demais mercadorias. É claro que um vestido Dolce & Gabbana ou um terno Issey Miyake dizem alguma coisa a outras pessoas (que somos pessoas ligadas à moda com dinheiro para gastar em roupas), mas certamente não se pode pretender que essa é uma declaração carregada de significado.

Hoje, praticamente todo produto está saturado de significado – até a mais banal garrafa de água mineral tem de conter toda sorte de mensagens –, mas está se tornando também cada vez mais claro que praticamente nada disso *significa* coisa alguma. Diz o sociólogo Harvie Ferguson: "A mercadoria tornou-se um signo somente porque foi esvaziada de valor intrínseco. Sua capacidade de representar depende de sua insignificância interior."[51] A formulação de Ferguson é exagerada, e não é verdade que um objeto só pode ganhar valor de signo se tiver sido despojado de qualquer outro valor, mas o importante é que o valor de signo tornou-se cada vez mais central e passou pouco a pouco a eclipsar todos os demais valores. As mercadorias surgem em medida cada vez maior com significados pré-fabricados, para gerar uma reação particular do consumidor.[52] Max Horkheimer e Theodor W. Adorno fazem uma afirmação semelhante, ligada à teoria da interpretação de Kant, o chamado esquematismo:

> O formalismo de Kant ainda esperava uma contribuição do indivíduo, que supostamente relacionava as diferentes experiências dos sentidos com conceitos fundamentais; a indústria priva o indivíduo dessa função. O principal serviço que presta ao consumidor é fazer essa esquematização por ele. ... Nada resta para o consumidor classificar. Os produtores o fizeram por ele.[53]

Segundo esses autores, o produto já foi inteiramente interpretado quando chega ao consumidor, que se apropria simples e passivamente do significado pré-fabricado. Se examinarmos mais atentamente a atitude que os consumidores adotam em relação ao significado das mercadorias, porém, isso não é de todo verdade. As mercadorias podem adquirir significados que excedem o que os produtores colocaram nelas. Com muita frequência, segmentos de consumidores diferentes daqueles pretendidos pelo produtor começam a usar um produto e acrescentam-lhe novos significados. Um exemplo disto ocorreu quando a antiga marca norueguesa Helly Hansen ficou subitamente em moda nos ambientes americanos de hip-hop – e ganhou uma conotação muito distante de suas origens na vida ao ar livre norueguesa. O especialista em mídia John Fiske assume uma posição diametralmente oposta à de Horkheimer e Adorno e apresenta a cultura de consumo como uma "democracia semiótica", em que os consumidores reinterpretam ativamente os símbolos para seus próprios fins. Segundo Fiske, fazer compras é na verdade uma atividade política carregada de significado, e ele se refere a consumidores jovens como "guerrilheiros de shopping center por excelência".[54] Isso é obviamente um exagero. Não se costuma atribuir à maioria dos produtos significados *essencialmente* diferentes daqueles que seus produtores lhes atribuíram, ainda que isso ocorra em alguns casos; mas, mesmo quando isso ocorre, não significa que esses significados desempenhem algum papel político importante. A maioria das pessoas que faz compras não é particularmente motivada pelos aspectos políticos da atividade. O significado dos itens é socialmente determinado: poderíamos dizer que ele é objeto de "negociações" entre várias partes, nenhuma delas podendo decidir por si só que o produto tem um significado particular. A transformação mais comum que o "significado" do produto costuma sofrer consiste em sua rápida evaporação assim que o produto chega ao mercado.

Vemos isso de maneira particularmente clara no modo como o mercado se apropria de fenômenos subculturais.[55] O teórico da cultura Dick Hebdige apresenta as subculturas como culturas de consumo conspícuo.[56] Estilos subculturais têm em geral um maior conteúdo semântico que os de cultura de massa, e esse significado muitas vezes não será acessível aos outsiders. Para um outsider, a subcultura pode parecer desprovida de qualquer forma de ordem, mas na realidade até a subcultura mais "anarquista", como a punk, é extremamente bem-ordenada.[57] Em geral as subculturas cultivam a individualidade, mas nesse aspecto elas estão em completa conformidade com a cultura de massa. Novas subculturas criam novas modas e tendências que são adotadas pela indústria. As subculturas e contraculturas tornaram-se o melhor amigo da moda e do capital.[58] Nas palavras do crítico da cultura Thomas Frank:

> A ideia contracultural tornou-se ortodoxia capitalista, sua ânsia pela transgressão e mais transgressão agora perfeitamente adaptada a um regime econômico-cultural que prossegue em ciclos cada vez mais rápidos do novo; seu gosto pela autorrealização e sua intolerância pelas limitações da tradição permitindo agora uma vasta amplitude em práticas de consumo e experimentação.[59]

Uma contracultura produz diferenças para poder se definir como uma oposição à cultura existente, mas o consumo que promove o capital tem a ver precisamente com essas diferenças, que o capital é capaz de incorporar à sua própria lógica.[60] No romance *Cosmopolis*, de Don DeLillo, ocorrem grandes manifestações contra o capitalismo global, e dentro de uma grande limusine branca cercada por manifestantes senta-se o protagonista do livro, um jovem milionário, que comenta:

> Este é o próprio livre mercado. Estas pessoas são uma fantasia gerada pelo livre mercado. Elas não existem fora do mercado. Não há nenhum lugar para onde possam ir do lado de fora. Não há nenhum lado de fora ... A cultura de mercado é total. Ela engendra esses homens e mulheres. Eles são necessários ao sistema que desprezam. Dão a esse mercado energia e definição. São movidos por ele. São

negociados nos mercados do mundo. É por isso que existem, para robustecer e perpetuar o sistema.[61]

Segundo Hebdige, usar roupas punk é equivalente a praguejar.[62] Mas precisamente por ser "chocante", esse estilo era um candidato óbvio a ser incorporado pela moda (ainda que numa versão diluída), já que é exatamente para esse tipo de efeito que a moda vem apelando há muitas décadas em sua tentativa de parecer inovadora. Esse processo, no entanto, faz com que o estilo subcultural seja rapidamente esvaziado de significado. Já em 1977 – o ano em que o punk nasceu oficialmente, se bem que 1976 seria uma data mais precisa – o punk foi domesticado e tornado inofensivo por meio de artigos em jornais e revistas, cujo foco era como as roupas punk eram "bacanas".[63] Isso significava na prática que elas já tinham sido assimiladas pela moda de massa. Da perspectiva da moda, não há oposição real entre uma contracultura e o que já existe. Tudo pode ser incorporado, como quando o ex-viciado em drogas William S. Burroughs apareceu em anúncios da Nike, e a Gap usou fotos de Jack Kerouac em anúncios de calças. Todos os rebeldes do mundo, se sua revolta conseguir ir além de um ambiente limitado, acabarão vendo seu estilo reproduzido em materiais requintados e a altos preços. Se examinarmos o modo como os anúncios são projetados, até o início dos anos 1960 eles tinham a ver em grande medida com a "conformidade", mas desde então vêm tratando cada vez mais da *in*conformidade, da maneira de ser um "rebelde" e um "individualista". O slogan de um anúncio de Hugo Boss exorta: "Não imite, Inove!" Inovar, aparentemente, é comprar mercadorias de Boss. Mas em que medida isso seria realmente inovador?

Procuramos identidade e compramos valores simbólicos, sabendo perfeitamente que eles nunca duram. Para neutralizar essa falta de durabilidade estamos em constante busca de algo novo. Tornamo-nos grandes consumidores de coisas novas, lugares novos e pessoas novas. O foco em valores simbólicos faz com que a renovação dos estoques se dê em ritmo cada vez mais rápido porque é controlada pela lógica da moda. O valor inerente e a funcionalidade das coisas tornam-se então menos importantes, e seu tempo de vida fica à mercê de mudanças na moda. A natureza da moda é produzir signos eficazes que pouco depois se tornam signos ineficazes. Seu princípio é criar uma velocidade constantemente crescente, fazer um objeto se tornar supérfluo o mais rapidamente possível de modo a dar lugar a um novo. Quase se poderia dizer que o sentido de operar uma empresa pós-moderna não é satisfazer às necessidades dos consumidores mas sim criar novas necessidades. Queremos novas necessidades porque as velhas nos entediam. Estamos viciados em experiências, e as experiências são uma questão de estímulo emocional. Análises de mercado não podem dizer às companhias quais são essas necessidades, porque elas ainda não existem. Não há alternativa, portanto, senão inventar novas necessidades, novos estímulos.

Como vimos no Capítulo 3, Simmel afirma que quanto maior é nossa exposição às mudanças rápidas da moda, mais temos necessidade de versões baratas da mercadoria – algo que por sua vez aumenta a velocidade das mudanças. A consciência do poder da moda é uma consciência de que nenhuma mercadoria será duradoura, e de que, se tivermos de escolher uma mercadoria que mudará inevitavelmente, tenderemos a escolher a última moda e não uma anterior. As mercadorias não duram, nem são criadas para isso. Consideradas como objetos puramente funcionais elas têm, é claro, a duração que estão destinadas a ter – do contrário não seriam "artigos de qualidade". Mas seu valor simbólico se desgasta ainda mais rapidamente. Os produtores não precisam mais esconder que uma outra versão "nova e aperfeiçoada" logo estará a caminho. Na verdade, esta é uma parte importante da atração do item pós-moderno – logo poderemos substituí-lo![64]

Será isto irracional? Claro que é! A sociedade de consumo pressupõe irracionalidade nos indivíduos, o que significa que a racionalidade dessa sociedade só pode funcionar se seus membros forem irracionais.[65] E nós somos. Consumimos num ritmo cada vez maior, apesar de sabermos, no fundo, que isso não nos ajuda a alcançar nosso objetivo. Examinemos um pouco mais atentamente em que consiste essa irracionalidade. Um elemento usual no relato de atores racionais é que eles agem com a intenção de que seus atos tenham consequências que ultrapassem o momento da ação. Um ator racional deve, portanto, possuir certo grau de presciência. Mas o que caracteriza o consumidor pós-moderno é antes uma busca constante de satisfação no momento presente. A perspectiva temporal é reduzida quase ao momento, e vem se tornando cada vez mais curta. Isto se aplica à nossa atitude não só em relação ao consumo de bens como também em relação a outros seres humanos. Em vez de "até que a morte nos separe", é "até que o tédio nos separe" que se aplica. Sem dúvida família e amigos desempenham um papel decisivo na constituição de nossas identidades. O amor e a amizade não são normalmente coisas a que nos referimos em termos de "consumo"; o problema é que, cada vez mais, eles estão ficando sujeitos a um modelo de consumo.

Michel de Montaigne escreveu que, dos prazeres que conhecemos, o maior é a *busca* do prazer.[66] Isso resume muito bem o consumidor moderno – ou talvez pós-moderno. Podemos compreender o desejo desse consumidor de duas maneiras: (1) ele alimenta a ilusão de que um dia encontrará algo que poderá finalmente satisfazer seu desejo, de modo que a busca chegará ao fim, ou (2) ele compreendeu que não há nada que possa verdadeiramente satisfazer seu desejo e por isso mantém a própria busca como seu principal interesse. Não é óbvio qual é a resposta correta. Nem temos qualquer razão para supor que todos os consumidores tipicamente pós-modernos pensaram de algum modo sobre esse problema. Mas podemos realmente supor que o consumidor pós-moderno não compreende que não encontrará uma solução em nenhum produto isolado ou em nenhuma quantidade de produtos? Creio que não. O consumidor pós-moderno pode parecer querer satisfação, mas mostra por seu comportamento que o que realmente quer é a *busca* da satisfação, porque esta lhe proporciona a maior satisfação possível.

É nisso que esse consumidor difere dos anteriores. O consumidor pós-moderno é um desenvolvimento adicional do consumidor clássico. Estamos tratando de um desenvolvimento histórico que se estende por muitos séculos e no qual é difícil apontar qualquer ruptura clara. Portanto, quando falamos sobre dois tipos distintos de consumidor, trata-se de uma idealização. Podemos nos perguntar se esse consumidor poderia existir algum dia numa forma "pura". Uma característica frequentemente enfatizada no consumidor "pós-moderno" é que ele encena muitas identidades conflitantes que são expressas mediante o uso de diferentes estilos, símbolos etc. Um levantamento feito entre estudantes universitários americanos indicou que eles não tinham ambições de expressar essas identidades opostas e que desejavam antes criar identidades coesas através do modo como se vestiam, preferivelmente buscando alguns valores simbólicos específicos. Em outras palavras, eles eram mais "modernos" que "pós-modernos" nesse aspecto.[67] Longe de haver uma série de pessoas que correspondam completamente à imagem do consumidor pós-moderno, esse ator é uma entidade idealizada, baseada em características que estão se tornando cada vez mais comuns, mas provavelmente não existem de forma pura numa só pessoa. Há, é claro, muito consumo que não é desse tipo pós-moderno: quando compro leite e pão, a construção simbólica de minha identidade não tem alta prioridade – mas pode ter, caso eu escolha leite e pão orgânicos. As idealizações nos levam ao ponto principal: o consumidor pós-moderno difere em natureza do consumidor clássico porque opera segundo uma lógica diferente.

A característica decisiva da sociedade de consumo não é que o consumo ocorra, nem que aumente – embora o faça num ritmo extremo. O decisivo é que o consumo se desconectou em alto grau do que podemos razoavelmente chamar de satisfação de necessidades. O consumidor clássico tinha de consumir, como qualquer outro ser vivo, para sobreviver, e suas necessidades podiam até se tornar muito sofisticadas: a vida humana sempre exigiu mais do que a satisfação de necessidades puramente biológicas porque o homem é também um ser social, o que significa que as necessidades eram ajustadas de acordo com padrões *sociais* que transcendiam os biológicos.

Consequentemente, esses padrões se elevaram. Mas o importante com relação ao consumidor clássico é que seu consumo tinha um teto. Esse teto mudou através da história, em conformidade com o desenvolvimento sociomaterial da sociedade – mas nunca deixou de existir. Havia normas sociais que determinavam o que era insuficiente (quando era uma questão de pobreza) ou excessivo (quando era uma questão de voracidade). E nunca era permitido a essa norma social se afastar demais da satisfação de necessidades biológicas.[68] O consumo estava claramente sujeito a uma norma moral. Essas normas morais, sociais, não operam mais com a mesma força.[69]

Tornou-se agora extremamente difícil distinguir entre "necessidades naturais" e "artificiais". É mais fácil afirmar que a divisão entre as necessidades humanas constantes e "naturais" e aquelas historicamente mutáveis continuará sendo necessariamente uma abstração que nunca poderá ser implementada de maneira concreta. Nas palavras de Adorno: "Aquilo de que uma pessoa precisa para viver e aquilo de que não precisa não depende em absoluto da natureza, mas se adapta ao 'nível mínimo de subsistência cultural'. Qualquer tentativa de manter a natureza pura separada é enganosa."[70] Baudrillard chega a dar um passo adiante e desnaturaliza por completo as necessidades, considerando-as inteiramente produzidas pela sociedade de consumo.[71] Uma necessidade é considerada a necessidade de uma diferença, de uma entidade social, e nunca de um objeto "em si".[72] É claro que, nisto, ele está exagerando deliberadamente. Mesmo que não sejamos capazes de traçar uma linha absoluta entre necessidades "naturais" e "artificiais", isso não significa que devamos abandonar completamente a distinção. Podemos traçar uma linha provisória dando um exemplo:

mesmo que uma pessoa tenha uma necessidade "natural" de roupas para se aquecer, uma necessidade absoluta de se aquecer com uma malha de Sonia Rykiel seria uma "necessidade artificial". Mas o importante é que a ideia de "necessidades naturais" não pode mais ser normativa para o consumo: ele não é mais conduzido por necessidades, mas por desejo. Zygmunt Bauman escreve: "O *spiritus movens* da atividade de consumo não é um conjunto de necessidades articuladas, muito menos fixas, mas *desejo*."[73] Quando se destina a satisfazer certas necessidades, o consumo tem limites. Quando está desconectado, é em princípio ilimitado.[74] Talvez possamos até dizer que os desejos foram transformados em necessidades.

Dito de outra maneira: para o consumidor clássico o consumo é um meio, ao passo que para o consumidor pós-moderno ele é um fim em si. Mas isso também seria ligeiramente enganoso. Quando afirmamos que algo é um fim em si mesmo, falamos em geral de algo que satisfaz por si mesmo, não em virtude de levar a alguma outra coisa. Esse é o papel que Aristóteles atribui à felicidade.[75] Sua principal obra sobre ética, *Ética a Nicômaco*, começa com uma investigação sobre o que é o bem. Quando pergunta o que é o bem, ele responde com a ideia comumente aceita de que é felicidade. *A felicidade é um fim em si mesma.* Quando buscamos alguma coisa, podemos buscá-la por ela mesma ou por alguma outra coisa. O objetivo da medicina é a saúde, o objetivo da culinária é uma refeição saborosa, e assim por diante. Por que as várias atividades buscam seus objetivos? Comida e saúde são objetivos em si mesmas, ou estão sujeitas a um outro fim – uma finalidade que fornece a razão em virtude da qual vale a pena buscar todos os outros objetivos? Aristóteles afirma que a única coisa que buscamos por ela mesma é a felicidade, e que tudo o mais só é buscado na medida em que contribui para a consecução da felicidade. Samuel Beckett, aliás, faz um comentário cruel sobre isso no segundo ato de sua peça *Esperando Godot*. Os dois vagabundos Vladimir e Estragão estão conversando e Estragão diz: "Somos felizes. Que vamos fazer agora, agora que somos felizes?" Não sei o que Aristóteles teria respondido, mas provavelmente teria dito que Beckett não entendia o que era felicidade, pois, sendo ela a razão para que todas as outras coisas sejam buscadas, não podemos buscar mais nada quando somos felizes. É mais ou menos como se dois santos chegassem ao céu, olhassem um para o outro e dissessem: "Agora que estamos no céu, que vamos fazer?" Talvez não seja uma pergunta particularmente significativa. Mas, embora vejamos o absurdo dessas indagações, não vemos nada de absurdo em perguntar: "Consumimos e consumimos. E agora, que vamos fazer?" Pois esta é realmente uma questão que *devemos* colocar para nós mesmos. Isso também torna mais claro que o consumo apenas parece ser um fim. Ele pretende ser esse fim, mas é disfuncional. Por quê? Porque não nos deixa felizes.[76]

O consumo não nos dá o significado que buscamos – é um significado *ersatz*, nem mais nem menos. Mas essa foi a meta do projeto moderno: todos nós devíamos nos tornar consumidores em tempo integral – e isso nos faria felizes. Foi esse tipo de sociedade que quisemos: temos a sociedade de consumo pela qual lutamos. Todas as sociedades alimentam o sonho de um estado sem carência, como na ideia de uma idade de ouro na Antiguidade, ou do paraíso no cristianismo. Para o homem ocidental moderno, foi a ideia do consumo ilimitado que cumpriu esse papel. O consumo preenche o vazio existencial em que poderia ter havido uma falta. Nossa utopia foi a sociedade de consumo – uma sociedade em que nós, como indivíduos, podemos nos realizar por meio do consumo de bens.[77] Como diz o sr. Dumby no segundo ato de *O leque de lady Windermere*, de Oscar Wilde: "Neste mundo só há duas tragédias. Uma é não conseguir o que se quer, e a outra é conseguir. A última é de longe a pior; a última é uma verdadeira tragédia!" Talvez seja um consolo, portanto, que nunca consigamos o que queremos quando a meta de nossa vida é o consumo. Como os padrões mudam constantemente à medida que chegamos perto de satisfazê-los, a linha de chegada nunca se torna realmente mais próxima.[78]

8. A moda como um ideal na vida

> Sinto-me uma merda, mas minha aparência está ótima.
> Bret Easton Ellis[1]

> O traje muitas vezes proclama o homem.
> Shakespeare[2]

> Os que fazem de sua roupa uma parte principal de si mesmos acabarão, em geral, por não ter mais valor que sua roupa.
> William Hazlitt[3]

> Conhece, primeiro, quem és; depois, adorna-te em conformidade com isso.
> Epiteto[4]

"Identidade" é um dos conceitos seminais para se descrever a função da moda. Supostamente, esta contribui para a formação daquela. Nossas identidades tornaram-se problemáticas – não temos mais garantias sobre elas. Isso está associado a uma ênfase geral na autorrealização – um fenômeno extremamente moderno. Se, por exemplo, perguntássemos a uma pessoa do período medieval se ela se preocupava com autorrealização, nossa pergunta não seria compreendida. Esse pensamento lhe teria parecido completamente estranho. Enquanto o mundo pré-moderno era concebido como uma ordem estática que consistia fundamentalmente em essências imutáveis, o mundo moderno está em constante mudança. Além disso, contém todas as fontes de mudança em si mesmo – não é controlado por uma força externa (Deus). E o papel do homem moderno nesse mundo não consiste em realizar uma essência dada, mas em realizar a si mesmo, criando a si mesmo.

A busca atual da autorrealização talvez seja a expressão mais clara do domínio que o individualismo (o indivíduo como uma ideologia) obteve sobre nós. Ele está tão difundido que é difícil pensar em algo mais conformista. Há cerca de dois séculos, começamos pouco a pouco a pensar em nós mesmos como *indivíduos*, e foi então que o individualismo apareceu em cena.[5] Surgiu a compreensão de que todos os indivíduos são diferentes – de fato, únicos. Para nós, a percepção de nós mesmos como "indivíduos" é tão "natural" que temos dificuldade em imaginar que já pode ter sido diferente, mas o "indivíduo" é uma construção social que surgiu e, em princípio, pode voltar a desaparecer, ainda que hoje nos pareça difícil conceber alternativas para essa autocompreensão.[6] Uma característica particular dos indivíduos é que eles devem se *realizar* como tais. São postos no mundo com a tarefa de se tornarem si mesmos, de realizarem suas características singulares. Não há mais um significado coletivo da vida no mundo moderno, um significado do qual caiba ao indivíduo participar – e que lhe dará identidade automaticamente através da participação no coletivo. Em vez disso, somos todos remetidos a nossos projetos individuais de autorrealização. *Todos* estão preocupados com a autorrealização, mas muito poucos parecem refletir sobre que *tipo* de eu deveria ser realizado. Em vez disso, é a autorrealização como tal que ocupa o centro do palco. Ela parece ser uma obrigação. A emergência do individualismo significou uma emancipação cultural do indivíduo, mas também lhe conferiu uma nova responsabilidade em relação a si mesmo e *para se tornar si mesmo*.

As tradições proporcionam constância, mas são cada vez mais desintegradoras em decorrência do processo de modernização. Desprovidos de tradições, somos construtores hiperativos de estilos de vida, numa tentativa de formar significado e identidade. A dissolução das classes sociais preparou caminho para a emergência de estilos de vida, que por sua vez contribuem para incrementar a dissolução das classes como um resultado de crescente diferenciação. Na sociedade pós-moderna nossa identidade é menos determinada pelo status financeiro que antes, ou, mais precisamente, o status financeiro foi reduzido a um fator entre muitos. Por isso, até os mais abastados estão sujeitos ao mesmo tipo de "trabalho de identidade" que todos os demais, ainda que gozem inegavelmente de uma vantagem num mundo em que identidade está se tornando cada vez mais algo que se pode comprar. É mais difícil manter um estilo de vida que a afiliação a uma classe social: requer atividade incessante. Além disso, como estilos de vida saem de moda, é preciso avaliá-los constantemente para saber em que medida convém conservá-los ou escolher um novo para ficar em dia com a moda. O homem pré-moderno tinha uma identidade mais estável porque ela se ancorava numa tradição, mas hoje fomos libertados em grande medida desses grilhões, e a identidade pessoal tornou-se portanto uma questão de manter um estilo de vida.[7] Enquanto uma tradição é legada, um estilo de vida é escolhido. A escolha de um estilo de vida em vez de outro é apenas frouxamente compulsória e sempre pode ser revista. Quando pertencemos inteiramente a uma tradição, não a questionamos nem buscamos alternativas. O "eu reflexivo", por outro lado, não pode evitar uma procura crônica de alternativas entre as quais é possível escolher.

A hipótese do eu reflexivo está particularmente associada a Anthony Giddens, embora tenha sido sem dúvida antecipada por filósofos como Fichte e Hegel. Segundo Giddens, uma monitoração reflexiva de nosso próprio comportamento é uma parte inerente do *eu* em membros de todas as sociedades humanas, tradicionais ou pós-tradicionais.[8] Em sua opinião, no entanto, as sociedades modernas se caracterizam por um tipo especial de autorreflexidade, que se torna radicalizada precisamente porque os indivíduos foram praticamente libertados dos grilhões da tradição: "Na ordem pós-tradicional da modernidade, e contra o pano de fundo de novas formas de experiências mediadas, a autoidentidade torna-se um esforço reflexivamente organizado."[9] Giddens formula isso também da seguinte maneira: "Características fundamentais de uma sociedade de reflexidade elevada são o caráter 'aberto' da autoidentidade e a natureza reflexiva do corpo."[10] Isso significa que, em vez de o eu parecer algo dado, os indivíduos têm, cada vez mais, de construir uma autoidentidade usando os meios a seu dispor. O eu se torna algo que tem de ser criado, monitorado, mantido e mudado.

Essa hipótese da autorreflexividade parece colidir com a teoria da ação de Bourdieu, em que o conceito de *"habitus"* é central. Bourdieu sugere que a identidade é muito menos trabalhável mediante intervenção reflexiva do que pretende a teoria de Giddens. Nosso *habitus* é formado por estruturas sociais e gera ações que por sua vez as reproduzem. É importante enfatizar que o *habitus* não é estritamente determinante, no sentido de que cada ação deva ser diretamente seguida por ele.[11] Está mais estreitamente relacionado ao conceito aristotélico de *hexis*, que é uma atitude ou disposição básica.[12] Um ator que funcione bem num campo particular não ficará servilmente aferrado às regras desse campo, mas, ao contrário, exibirá certo grau de flexibilidade. O *habitus* é uma espécie de segunda natureza, e é basicamente pré-reflexivo.[13] Opera num nível mais profundo que a consciência humana: "Os esquemas do *habitus*, as principais formas de classificação, devem sua eficácia específica ao fato de que eles funcionam abaixo do nível da consciência e da linguagem, além do alcance do escrutínio introspectivo ou do controle pela vontade."[14] Precisamente por se situar abaixo da consciência, o *habitus* não pode ser modificado, em princípio, por meio de um ato consciente de vontade.[15] Tal como Bourdieu o compreende, ele não pode ser objeto do tipo de intervenção que, segundo Giddens, é uma característica básica do homem moderno.

Se não quisermos escolher aqui entre Bourdieu e Giddens, uma vez que ambas as teorias têm características atraentes, podemos fazer uma tentativa de conciliá-las afirmando que a reflexividade tornou-se parte do *habitus*. O sociólogo Paul Sweetman introduziu o conceito de *"habitus* reflexivo", afirmando que isso está se tornando cada vez mais comum em decorrência de diversas mudanças econômicas, sociais e culturais.[16] Ele se refere em particular a mudanças no trabalho, nas relações sociais e na cultura do consumo que nos desafiam constantemente a nos monitorarmos e "aperfeiçoarmos" a nós mesmos. Bourdieu também abre a possibilidade da reflexividade, afirmando que ela só se desenvolverá se ocorrer alguma crise que gere desarmonia entre o campo em que o ator opera e o *habitus*. Quando esses campos estão sujeitos a muitas mudanças rápidas, essa desarmonia está fadada a acontecer, e em consequência a reflexividade se torna um estado mais ou menos permanente.

Ainda que a reflexividade tenha passado a ser um estado permanente, tornando assim o *habitus* consideravelmente mais reflexivo, a teoria de Bourdieu contém um corretivo importante para a hipótese do eu reflexivo. Esta pode criar a impressão de que o eu é quase soberanamente autopropulsor, ocultando assim como ele está exposto a forças externas, e as limitações a que sua formação sempre estará sujeita. Podemos dizer com Bourdieu que o *habitus* sempre limita o espaço potencial para a ação. A estetização da vida não é acessível a todos, também por razões econômicas.[17] Certamente os limites não foram estabelecidos de uma vez por todas. Eles podem mudar, mas não tão completamente quanto o ator individual desejaria. A autoidentidade não é constituída por um eu autossuficiente, mas sempre criada com base em relações sociais.

Mesmo que reconheçamos agora que há limitações sociomateriais para a escolha de estilo de vida, somos obrigados a fazer uma escolha. Temos de escolher um estilo de vida, e, em se tratando de estilo, essa é uma escolha basicamente *estética*. A estética se torna assim central para a formação da identidade. A questão é em que medida essa estratégia é particularmente promissora. A moda é central, é claro, para essa ideologia da autorrealização estética. Ela funcionou como uma arena em que podíamos nos encontrar, ou melhor, nos inventar. A indústria da moda tomou para si a missão de nos poupar do árduo trabalho de nos criarmos a nós mesmos como uma obra de arte, permitindo-nos em vez disso comprar um pacote pronto de um ateliê. Como disse Renzo Rosso, da Diesel Jeans: "Não vendemos um produto, vendemos um estilo de vida ... O conceito Diesel é tudo."[18] De maneira semelhante, Oscar de la Renta diz: "Antigamente os estilistas – na verdade costureiras – faziam e vendiam apenas vestidos; hoje vendemos um estilo de vida para o mundo todo."[19] Pierre Cardin foi um pioneiro dessa maneira de pensar, tentando criar todo um mundo em que podíamos viver. Ele desenvolveu não apenas roupas, mas design de interiores, itens de lazer e até uma cadeia de restaurantes, de modo que fosse possível deixar toda a nossa existência ser permeada por um só estilo.

É preciso enfatizar, contudo, que uma pessoa não estará completamente na moda se a seguir *excessivamente* bem. Um toque de gosto pessoal deveria também ser sugerido, mediante, por exemplo, a combinação de duas peças de uma maneira especial. A moda será sempre encontrada no interespaço entre o individual e o conformista. Para que algo seja considerado moda, tanto a conformidade quanto a individualidade devem ser levadas em conta. A individualidade só é significativa contra um pano de fundo de conformidade. A moda é sempre uma solução de compromisso entre essas duas coisas, como Simmel ressaltou há muito tempo. Se houver individualidade demais, ela perde seu apelo, porque deixa de funcionar de maneira distintiva, e está morta como moda. Numa época como a nossa, em que as normas se ampliaram consideravelmente e muitas delas correm em paralelo, é mais difícil expressar individualidade, precisamente por haver tanto espaço para grandes variações.

A pluralidade no campo da moda é produto, em particular, da enorme quantidade de informações visuais que nos bombardeiam todos os dias. Susan Sontag afirmou que a sociedade se torna moderna quando uma de suas principais atividades é produzir e consumir imagens.[20] Nesse caso, estamos perto de viver no mais moderno de todos os mundos possíveis. Todos nós nos tornamos, nas palavras de Sontag, "viciados em imagens".[21] Segundo Hal Foster, somos incapazes de escapar da lógica da imagem, porque as imagens criam uma perda da realidade e, ao mesmo tempo, nos dão algo – isto é, novas imagens – que nos permite amenizar ou negar essa perda.[22] As imagens se tornam um substituto para a realidade. Hannah Arendt escreve: "A realidade e a confiabilidade do mundo repousam principalmente no fato de estarmos cercados por coisas mais permanentes que a atividade pela qual elas foram produzidas, e potencialmente mais permanentes até que as vidas de seus autores."[23] De modo inverso, um mundo em que o tempo de vida das coisa está à mercê dos caprichos da moda é um mundo irreal e não confiável. Para Lipovetsky, a moda se torna um guia para a vida, porque nos prepara para viver num mundo em que tudo está em constante mudança.[24] Sob essa ótica, deveria ser um guia para a vida ideal num mundo cujas premissas ela mesma estabeleceu. A questão é saber se ela realmente pode desempenhar tal papel.

Embora não fale muito sobre moda em sua obra, Nietzsche delineia uma concepção de homem que, em certos aspectos, é extremamente apropriada a ela. O mandamento supremo é: "Torna-te a pessoa que és."[25] Trata-se, em particular, de uma questão de "acrescentar estilo" à nossa natureza.[26] Afirma ele:

"Somente como um fenômeno estético a existência ainda nos é suportável."[27] Esse pensamento é levado adiante na filosofia tardia de Michel Foucault, para quem a tarefa atual de cada um de nós é nos criarmos como obras de arte.[28] Ele se dissocia de todas as concepções da humanidade que lhe atribuem uma essência dada que deva ser buscada. A tarefa não é nos *encontrarmos*, mas nos *inventarmos*. Foucault vê o indivíduo como uma construção social. Em suas obras primeiras, ele enfatizara como os indivíduos são formados por relações de poder, especialmente por instituições sociais como os serviços de saúde e as prisões.[29] Nos anos que precederam imediatamente a sua morte em 1984, essa perspectiva mudou de maneira considerável: ele ainda considerava o sujeito como uma construção, mas alargou essa concepção, afirmando tratar-se de uma construção que também possui a capacidade de construir a si mesma. Essa autoconstrução tem lugar, entre outras coisas, por meio do que Foucault chama de "ascetismo", o que significa que o sujeito realiza um permanente trabalho sobre si mesmo para se tornar seu próprio senhor.[30] Mas essa concepção do sujeito como o seu próprio senhor parece paradoxal, uma vez que se trata de ser um senhor de um eu que está constantemente saindo de si mesmo. Segundo Foucault, toda a sua obra foi uma tentativa de se libertar de si mesmo, de impedir a si mesmo de continuar sendo a mesma pessoa.[31] Que quer esse eu obter com esse esforço? Como ele organiza a sua vida? O mais perto que Foucault chega de descrever isto como um ideal é enfatizar que estilo de vida é um conceito atraente para a formação do eu, já que pode conter tanto um aspecto ético quanto um aspecto estético.[32] Mas um estilo de vida pode ser muitas coisas.

Foucault também se associa à fascinação de Baudelaire pelo dândi, visto como uma espécie de ideal.[33] Seria esse dândi um ideal que vale a pena se empenhar para alcançar? O dândi foi uma figura que emergiu na Inglaterra na virada do século XIX. Depois da Revolução Francesa, era menos o estilo do aristocrata que o do cavalheiro que estava em conformidade com os valores da época. O dândi usava roupas de modelo relativamente simples, mas que eram feitas dos melhores materiais e tinham um corte que atestava um gosto individual e sofisticado. Carlyle deu uma boa descrição contemporânea do dândi:

> Um Dândi é um Homem que usa Roupas, um Homem que tem por profissão, ofício e existência usar Roupas. Todas as faculdades de sua alma, espírito, carteira e pessoa estão heroicamente consagradas a esse único objetivo, o uso sábio e correto de roupas: de tal modo que assim como outros se vestem para viver, ele vive para se vestir.[34]

Um outro dândi, Oscar Wilde, afirmou que "deveríamos ou ser uma obra de arte ou vestir uma obra de arte".[35] O dândi passava horas diante do espelho, com uma concentração no detalhe que beirava o ridículo. Mas todo o esforço aplicado na apresentação de um exterior perfeito não deveria ser visível. O maior dândi entre os dândis, Beau Brummell, disse: "Se um homem comum se vira para olhar para você, então você não está bem-vestido; está ou engomado demais, ou apertado demais, ou na moda demais."[36] A sobriedade tornou-se um ideal de beleza, caracterizado não pelo luxo ostentoso, mas pelo perfeccionismo. O dândi se esforçava por causar uma impressão clara e relaxada, ainda que houvesse grande quantidade de trabalho por trás de seu exterior perfeito. Como Baudelaire enfatiza: "O dândi é blasé, ou finge sê-lo, por política e razão de casta."[37] Por isso, um esnobe nunca será um dândi de sucesso – ele deixa à mostra demais que está em busca de status. Um contemporâneo de Beau Brummell descreve como ele reinou sobre toda uma geração de pessoas com o corte de suas roupas.[38] Na verdade, o estilo do dândi foi decisivo para o desenvolvimento da moda da classe média, com seu foco na discrição, sem características exageradas. Depois que a classe média se apossou do estilo dândi, perto do fim do século XIX, este se tornou mais explicitamente extravagante e afetado. Um exemplo desse tipo de dândi foi o conde Robert de Montesquieu, que serviu de modelo para Des Esseintes, o protagonista do romance *À rebours* (1884) de Joris-Karl Huysmans. Ele usava ternos brancos com um pequeno buquê de violetas na garganta em vez de gravata. Foi essa imagem que levou à ideia posterior do dândi como alguém excêntrico e uma figura ligeiramente tola – um ideal que Beau Brummell só teria visto com desdém.

O que deveríamos ver como exemplar no dândi? É ele um ideal para nós? A este respeito, talvez valha a pena ouvir um dândi "arrependido". Enquanto o jovem Oscar Wilde cultivava um jogo descomprometido com o supérfluo, o Oscar Wilde mais velho repete com frequência: "O vício supremo é a superficialidade."[39] O dândi permanece na superfície. Nunca se torna outra coisa senão uma sucessão de máscaras, e por isso nunca se torna si mesmo. "Um homem cujo desejo é ser algo diferente de si... consegue invariavelmente ser o que quer. Essa é sua punição. Os que querem uma máscara têm de usá-la."[40] Wilde não renuncia de maneira alguma ao individualismo que sempre defendeu em seus escritos, mas muda por completo sua compreensão de como ele deve ser formado. Formula um imperativo individualista a que a maioria das pessoas, a seu ver, não corresponde.[41] Viver segundo categorias estabelecidas por outros é tornar-se esses outros e não si mesmo. Como pode uma pessoa tornar-se si mesma? Não é uma questão de revelar um eu verdadeiro subjacente, mas de *ser* si mesmo. Para ser ela mesma, contudo, a pessoa deve manter uma ligação com seu passado e seu futuro. Tornando-se somente uma sucessão de máscaras cambiantes, o dândi nega seu eu anterior e assim nega a si mesmo.[42] O estabelecimento de um eu exige a manutenção de uma conexão: com quem fomos e com quem viremos a ser.

Segundo o filósofo Charles Taylor:

> Há questões sobre como vou viver a minha vida que se relacionam à questão de que vida vale a pena viver, de que tipo de vida realizaria a promessa implícita em meus talentos particulares, ou de que obrigações cabem a alguém com minha capacidade, ou do que constitui uma vida rica, significativa – em contraposição a uma envolvida com assuntos secundários ou ninharias. Essas são questões que dependem de avaliação forte, porque as pessoas que as formulam não têm dúvida de que podemos, seguindo nossas inclinações e desejos imediatos, tomar um rumo errado e por isso deixar de ter uma vida plena.[43]

O conceito central aqui é "avaliação forte". Recebem esse nome avaliações normativas relacionadas com o tipo de pessoa que desejamos ser. Avaliações fracas dizem respeito aos resultados das ações, se elas dão um resultado agradável ou coisas do gênero, ao passo que as avaliações fortes têm a ver com a nossa natureza. Para Taylor, a identidade está inextricavelmente ligada à ética, a questões pessoais de que espécie de vida deveríamos realizar. Essas questões são formuladas e respondidas dentro de um contexto histórico e social. Nossos valores nos são dados inicialmente pela sociedade em que crescemos e, em grande medida, constituem nossa identidade. Aqui surge, no entanto, um problema para o homem ocidental moderno. As sociedades modernas se caracterizam justamente por serem fragmentárias. Elas não se distinguem mais por um conjunto evidente de valores que o indivíduo internaliza. As sociedades pré-modernas têm uma estrutura dada de valores que estabelece um padrão contra o qual a pessoa pode avaliar sua vida, mas no mundo moderno estruturas para as avaliações fortes se tornaram problemáticas.[44] O resultado é que nossas identidades não nos são dadas mais como algo evidente. Taylor afirma portanto que valores, e consequentemente identidades, são em maior medida algo que tem de ser *escolhido* por cada indivíduo. Vista assim, a identidade torna-se algo que precisa ser criado, e essa criação se funda numa interpretação de quem somos e numa avaliação forte de quem deveríamos ser. Mas com base em que padrões deve essa avaliação ser empreendida quando as estruturas se tornaram problemáticas? Deveríamos de qualquer maneira tentar realizá-la com base numa compreensão do que significa ter um eu que pode viver uma vida plenamente digna.

Taylor escreve também que a maneira pela qual essas questões existenciais se apresentam depende do fato:

> ... de nossas vidas terem unidade, ou de um dia apenas se seguir a outro sem propósito ou sentido, o passado caindo numa espécie

de nada que não é o prelúdio, ou o arauto, ou o começo, ou o estágio inicial de coisa alguma, de ser ele apenas *"temps perdu"* no duplo sentido pretendido no título da célebre obra de Proust, que é tempo ao mesmo tempo desperdiçado e irrecuperavelmente perdido, irrevogável, em que passamos como se nunca tivéssemos sido.[45]

Este é um comentário apropriado sobre o eu que tem a moda como modelo. Segundo Lipovetsky, a moda criou um novo tipo de pessoa, "a pessoa da moda", que não se liga fortemente a nada e a ninguém e tem uma personalidade e um gosto constantemente cambiantes.[46] Que resta dessa pessoa quando ela tira as roupas da moda? A especialista em moda Holly Brubach diz que guarda suas roupas velhas no armário, mesmo que nunca mais pretenda usá-las, "por respeito àquelas pessoas que fui antes. Elas tinham boas intenções. Cada uma deu lugar à seguinte e desapareceu, deixando só suas roupas para trás".[47] Madonna é descrita por muitos como um exemplo por excelência de sujeito recente ou pós-moderno, reinventando-se constantemente através de estilos radicalmente novos.[48] A moda, ao que se diz, é a essência perdida do eu pós-moderno, que é constantemente programado para partir em busca de novas versões de si mesmo, mas se torna um eu sem absolutamente nenhuma constância – um eu que desaparece sem jamais ter sido ele mesmo.

O filósofo Paul Ricoeur distingue entre dois aspectos do eu, que podemos chamar respectivamente de *mesmidade* e *ipseidade*.[49] A mesmidade tem a ver com permanecer a mesma pessoa, ainda que se esteja num processo de mudança. Ainda que uma pessoa mude muito no curso de uma vida, acreditamos que é uma *mesma* pessoa que passou por essas mudanças. Um segundo aspecto do eu é o que Ricoeur chama de ipseidade, que tem a ver com autoidentidade, com o fato de a pessoa constituir um ser reflexivo que se relaciona consigo mesmo. Ele insiste que ambos os aspectos, a mesmidade e a ipseidade, são necessários para se ter um eu. Mas como a mesmidade e a ipseidade se relacionam uma com a outra? Elas devem ser situadas num contexto, e esse contexto consiste em contarmos uma história coesa de quem fomos e de quem viremos a ser. Nessa narrativa, passado, presente e futuro são reunidos numa unidade, e através disso uma unidade do eu é também criada. Ser um eu é ser capaz de fazer uma descrição de um eu através de uma narrativa de quem fomos, quem viremos a ser e quem somos agora. Produzir essa narrativa de si mesmo é *tornar-se* si mesmo. Podemos ver aqui qual é o problema com o "eu da moda". Trata-se de um eu hiper-reflexivo, satisfazendo assim a exigência de ipseidade, mas como é apenas uma sucessão de figuras novas, a serem logo descartadas, que desaparecem sem deixar traço e sem se relacionarem umas com as outras, sua ipseidade é solapada. É um eu sem uma narrativa coesa.[50] O eu da moda não é só um eu sem um passado real, porque esse passado é sempre esquecido em favor do presente, mas é também um eu sem futuro, uma vez que esse futuro é completamente aleatório. A moda não tem nenhum objetivo final – não está indo para lugar nenhum, exceto para a frente.

    A autoidentidade não é de maneira alguma algo dado, imutável. Ela tem de ser contada e recontada, e muda cada vez que é recontada. Isso se aplica às sociedades tanto modernas quanto pré-modernas, mas um traço central da modernidade é que os indivíduos, numa medida crescente, têm de criar suas *próprias* narrativas sobre si mesmos, já que as narrativas coletivas não têm mais tanto vigor. Uma construção da identidade nunca começa inteiramente do zero, mas está precisando chegar cada vez mais perto disso porque as instâncias sociais que ajudaram tradicionalmente a criar uma constância do eu tornaram-se consideravelmente mais frouxas e menos estáveis.

Uma vida humana precisa de algum tipo de unidade, mas é precisamente essa unidade que não pode ser estabelecida usando-se a moda como modelo. A crítica que Søren Kierkegaard fez do modo de vida estético em *A alternativa* ainda é relevante hoje.[51] Kierkegaard enfatiza que o esteta se caracteriza pelo imediatismo, não no sentido de abertura, mas no sentido de dependência de tudo que tem à sua volta. O esteta vive num estado de desespero. Há duas razões para que ele se desespere. A primeira está ligada ao fato de haver algo aleatório e fugaz em sua vida: o exterior pode desabar a qualquer momento. A vida do esteta pode, claramente, ser bem-sucedida, contanto que as condições externas sejam mantidas, mas elas podem sempre decepcioná-lo – sua vida se ergue sobre areia. A segunda razão é que o homem é um ser espiritual, algo que o esteta mais ou menos nega, e é precisamente essa negação que gera melancolia. O esteta é semiconsciente de que está negando seu verdadeiro eu. Ele tem necessidade de uma visão da vida que possa lhe fornecer algo firme e imutável no fluxo constante das coisas. Falta-lhe "continuidade" e ele vive sem nenhuma lembrança de sua própria vida.[52] Isso leva sua vida a se dissolver em ruído vazio, desprovido de conteúdo.[53] Uma mudança faz-se portanto necessária, uma mudança que só pode ocorrer por meio de um salto numa nova forma de vida – o estágio ético –, capaz de estabelecer a coesão que falta no estágio estético. O homem ético escolhe a si mesmo, e por meio dessa escolha não muda necessariamente sua vida exterior, mas fixa um ponto para sua vida interior. A maneira como ele conduz sua vida pode permanecer inalterada – a mudança está relacionada à relação que tem com as coisas exteriores e consigo mesmo. Se dizemos que o esteta é uma pessoa que tem a moda como um ideal na vida, então o homem ético não precisa renunciar à moda. A diferença importante é que ele não baseará nela a identidade, mas será independente em relação a ela.

A moda pode nos dar ferramentas para moldarmos uma identidade social não fundada em classe ou status, mas elas não são particularmente sólidas. Um problema adicional nesse contexto é a pluralidade aparentemente ilimitada (ou talvez pluralismo seja uma palavra melhor) na moda atual. Como foi mostrado no Capítulo 2, a moda era conduzida outrora por uma lógica de substituição, em que uma nova tendência procurava tornar todas as anteriores supérfluas, transformando-as em coisas do passado, que tinham saído de moda. Agora a lógica dominante não é substituir, mas suplementar. Isso assinala uma mudança radical, que pode ser considerada uma ruptura total com a essência da própria moda. Em consequência da falta de quaisquer restrições na moda de hoje, temos razões para acreditar que seu potencial de mudar a identidade se tornará cada vez menor. Ainda assim, esse potencial não é completamente insignificante. Não podemos evitar dar aos outros uma impressão de quem somos por meio do que vestimos. E isso é decisivo também para a percepção que temos de nós mesmos e de nossa posição no mundo. Virginia Woolf salienta em *Orlando* que as roupas têm funções muito mais importantes que nos manter aquecidos: "Elas mudam nossa visão do mundo e a visão que o mundo tem de nós."[54] Numa formulação muito feliz, ela diz que não usamos as roupas, são elas que nos usam. Em *Na pior em Paris e Londres*, George Orwell conta como se viu de repente num outro mundo quando se vestiu como um vagabundo e como todos passaram de repente a tratá-lo de maneira completamente diferente.[55] As roupas são objetos que criam comportamento ao expressar identidade social. Não é que primeiro tenhamos uma identidade e depois escolhamos expressá-la por meio de certas roupas, ou que haja uma identidade "interior" independente de todas as representações exteriores que possa ser posteriormente expressa por vários meios, inclusive roupas. Seria igualmente fácil inverter o argumento e dizer que é o exterior que constitui o interior, que são as roupas que constituem a identidade. Mas isso também seria enganoso. É impossível dar prioridade absoluta seja ao aspecto interno, seja ao aspecto externo da identidade: eles são mutuamente dependentes.

Tentar opor-se à moda, usando por exemplo um só tipo de traje (talvez um terno preto com uma camisa preta) para todas as ocasiões, é também igualmente uma questão de desempenhar um papel. Andar por aí todos os dias com um casacão batendo nos tornozelos, proclamando "sou um artista e desprezo as modas atuais", não é nada mais "autêntico" do que só aparecer com ternos Paul Smith, e certamente não implica que a pessoa deva ter necessariamente uma identidade mais "substancial". Simmel não considera a pessoa que tenta escapar da moda como um ideal, mas tampouco acredita que ela esteja fugindo da vida moderna de que efetivamente faz parte. Sob essa ótica, fugir da moda seria simplesmente escapismo. E como seria possível fugir da moda?[56] Quem procura se distanciar da moda reinante usando deliberadamente roupas antiquadas permanece completamente sob os ditames dela, simplesmente por estar negando-a. Tal pessoa teria tão pouco individualismo real quanto qualquer "idiota da moda", pois negar uma norma não nos confere mais independência que afirmá-la.[57] Para Simmel, o ideal reside antes em lutar por uma independência relativa da moda, baseada no reconhecimento dela como uma força em nossa vida, através da qual temos consciência de seu caráter aleatório, numa relação reflexiva em que não nos rendemos simplesmente às mudanças que nela se operam.

Gilles Lipovetsky afirma que a moda "conseguiu transformar o superficial num instrumento de salvação, numa meta da existência".[58] Em vez de condenar a moda como tirânica, ele a enfatiza como uma realização da autonomia humana num mundo de superfície.[59] Chega ao ponto de dizer: "A forma da moda reflete a forma final da democratização das mentes e dos significados."[60] A seu ver, o uso crescente das roupas esportivas reflete uma demanda crescente de liberdade pessoal, a ênfase na juventude caminha de mãos dadas com a ênfase da democracia na individualização, e os jeans são o símbolo de uma individualidade que foi libertada do status social.[61] Mas será a individualização sinônimo de democratização? A democracia, para merecer esse nome, deve certamente dar espaço a escolhas individuais, mas isso não significa que o egocentrismo extremo de seus membros – algo que Lipovetsky acredita ser o núcleo de um mundo governado por modas – produz um ganho democrático. A filósofa Martha Nussbaum se opõe à opinião de Lipovetsky, afirmando que a cultura que ele louva nada mais é que uma cultura democrática do Iluminismo, que não consiste em pessoas genuinamente autônomas, mas simplesmente em escravos da moda absolutamente incapazes de se relacionar com qualquer coisa ou pessoa.[62] Lipovetsky teria respondido que essa cultura consiste em escravos autônomos da moda, e que precisamente isso produzirá um ganho democrático. Sua ideia é que quanto mais terreno a moda ganha, mais superficiais nos tornamos, reduzindo o atrito social, de modo que uma democracia pluralista pode funcionar de maneira cada vez mais fácil. Em resumo, se você der toda a sua atenção a um paletó Prada, não arrebentará o crânio do vizinho. Ao que eu saiba, não se realizou nenhum levantamento comparativo sobre a relação entre a fascinação pela moda e a tendência a recorrer à violência. Não é nada óbvio que as duas coisas influenciam uma à outra em qualquer grau apreciável, embora algumas intrigantes obras de ficção recentes apontem na direção contrária, inclusive *O psicopata americano* e *Clube da luta*. É difícil chegar a qualquer conclusão bem-fundamentada a este respeito – a não ser a de que Lipovetsky não está bem-fundamentado. No entanto, essa é realmente a argumentação que ele usa para validar sua afirmação de que a moda é uma grande bênção para a humanidade.[63] Apesar disso, é problemático afirmar que uma democracia funciona melhor quanto menos atrito social contiver. Democracia precisa de atrito. É preciso criar um excedente democrático, não apenas uma indiferença pacífica. Uma obrigação crucial para uma democracia liberal consiste em estimular o discurso democrático no espaço público, e esse discurso não funciona otimamente quando desliza com excessiva suavidade. As pessoas da moda de Lipovetsky não são atores políticos que contribuem para a democracia. Elas correspondem melhor à descrição de Hermann Broch: "onde o pensamento político está totalmente ausente ...

a categoria estética passa cada vez mais para o primeiro plano", e essa categoria estética se desenvolve em "ornamentação e decoração da vida".[64]

Podemos ter uma identidade simplesmente porque certas coisa *significam* algo para nós – e, inversamente, é nossa identidade que nos permite decidir o que tem e o que não tem significado para nós.[65] No romance *Psicopata americano*, de Bret Easton Ellis, isso fica claro através da completa incapacidade de Patrick Bateman, que não tem identidade, de distinguir entre diferenças essenciais e não essenciais: ele é totalmente desorientado com relação a valores. Isso reflete, e assim reforça, sua falta de identidade. Ele está tão completamente dissociado de tudo e de todos que, num certo sentido, é totalmente livre – mas essa liberdade é desprovida de conteúdo. Nesse sentido ele está estreitamente relacionado à pessoa da moda descrita por Lipovetsky. Essa pessoa é livre de certo modo – Lipovetsky tem razão quanto a isso –, mas de que tipo de liberdade se trata? É uma liberdade de todas as tradições, do próprio passado e de todos os projetos de vida que se estendem além da próxima mudança na moda. Uma liberdade de todas as convicções profundas e de todas as relações de compromisso com outro ser humano. Mas é uma liberdade *para quê?* Esta questão permanece em aberto. A pessoa da moda de Lipovetsky governa uma liberdade absolutamente negativa, mas parece não possuir nenhuma concepção de liberdade positiva.[66] Ela tem liberdade para se realizar, mas nenhuma definição positiva de que tipo de eu deve ser realizado. Um indivíduo assim é um romântico consumado, alguém que sempre quer se tornar uma pessoa diferente do que é, mas nunca se tornará essa pessoa porque não tem nenhuma concepção positiva de quem deseja ser.

9. Conclusão

> Real life – full of imitations
> Real life – I talk to you in codes
> Real life – real imagination
> Real life – I hide behind these clothes*
>
> Weeping Willows[1]

A INDÚSTRIA DA MODA, e em particular as grandes *maisons*, vem experimentando dias difíceis, segundo as previsões econômicas.[2] No futuro, porém, seu mercado tende a crescer acentuadamente, não a declinar.[3] De uma perspectiva estética, contudo, há razões para se afirmar que a moda nunca foi menos interessante que hoje. A alta-costura deixou de ser uma norma para a moda de massa e agora pode ser vista principalmente como uma publicidade com ambições artísticas. Ela tem se saído bem como publicidade, mas só raramente como arte. O auge da moda de vestuário – o período durante o qual ela ainda parecia estar apresentando alguma coisa nova – durou apenas um século, do momento em que Charles Frederick Worth abriu sua *maison* em Paris em 1857 até os anos 1960. Desde então, a tradicional lógica de substituição da moda, pela

---

* Vida real – cheia de imitação / Vida real – falo com você em códigos / Vida real – imaginação real / Vida real – escondo-me atrás dessas roupas. (N.T.)

qual algo novo é constantemente substituído por algo ainda mais novo, foi ela mesma substituída por uma lógica de suplementação, em que todos os estilos se tornam mais ou menos contemporâneos e cada um é interminavelmente reciclável.

O que caracteriza a moda de hoje é um pluralismo estilístico que provavelmente nunca foi tão forte.[4] Esse pluralismo não é de maneira alguma um fenômeno novo. Num artigo de 1916, Simmel observou que sua época era "sem estilo", porque não havia nenhum estilo predominante, apenas uma profusão de estilos heterogêneos.[5] Podemos declarar com segurança, porém, que esse desenvolvimento foi radicalizado desde o tempo de Simmel. É claro e evidente que a pluralização da vida típica da modernidade é acompanhada por uma pluralização da moda. Embora a Escola de Frankfurt temesse a uniformidade, parece ter ocorrido exatamente o oposto – uma hiperdiferenciação. A difusão da moda levou à diversidade, não à homogeneização, à enorme variação estilística em vez de uniformidade.

O pluralismo na moda não nos torna necessariamente mais livres. Segundo Anne Hollander, "a tirania da própria moda de fato nunca foi tão forte quanto neste período de pluralismo visual".[6] Isto se deve, em particular, ao fato de que todos nós passamos a ser *responsáveis* pela superfície que apresentamos ao mundo exterior. Para Lipovetsky, moda representa o contrário de tirania: ela promove liberdade, não coerção. Ele se regozija ali onde Baudrillard se desespera, e vê a moda como um jogo produtivo, não uma força que privou de realidade a vida moderna. É possível, claro, objetar a Lipovetsky que, embora a possibilidade de escolher entre a marca x e a marca y, entre dois, três e quatro botões num terno, ou entre dois comprimentos de saia seja inegavelmente uma forma de liberdade, a escolha que ela permite não gera nenhuma diferença real. Apesar disso, aparentemente nos deixamos convencer de que essas são de fato diferenças importantes. É isso, pelo menos, que nosso consumo parece indicar.

A moda se apresentou como algo que poderia moldar nossas vidas. Mas, como ressalta Malcolm McLaren: "A moda não tem mais esse poder. Ela atingiu seu apogeu quando todos aqueles estilistas se tornaram oradores e filósofos, quando começaram a acreditar que podiam desenhar as vidas de seus clientes, assim como suas roupas. Todos esperavam que dissessem algo significativo, mas nunca o fizeram."[7] Podemos dizer com segurança que a moda funciona relativamente mal como um guia para a vida. O que ela pode oferecer, apesar de tudo, não acrescenta a nossas vidas algo que seja de essencial importância, e quando a lógica da moda se torna a norma para a formação da identidade, ela tem o efeito oposto – dissolve a identidade.

Simmel observou muito cedo, não menos que um século atrás, que a moda podia ser usada como um indicador do processo de civilização, porque uma consciência da moda indica autoconsciência no sentido de egocentrismo, e que um desenvolvimento mais rápido na moda indica uma complexidade crescente da autoimagem, da autoidentidade. No extremo desse desenvolvimento situa-se o sujeito completamente descentralizado. A busca da identidade resultou, portanto, dialeticamente em seu oposto: a total dissolução da identidade. É para isso talvez que estamos rumando, mas ainda não chegamos lá.[8]

Em minha introdução, escrevi que o que deveria estar no centro de uma investigação filosófica da moda era o seu *signi-*

ficado. Tentei pôr a nu esse significado estudando os padrões de difusão da moda, sua lógica e temporalidade, sua relação com o corpo e a linguagem, seu status como mercadoria, como arte e como um ideal para a construção do eu. A conclusão de todos esses estudos provavelmente nos permite dizer apenas que a moda é um fenômeno extremamente complexo que *pretende* ter um significado, mas na realidade só o consegue numa medida muito limitada. É sempre possível dizer, como a teórica Caroline Evans, que a moda é capaz de expressar os interesses subjacentes que circulam na cultura, e que como tal é "um meio para chegar a verdades desagradáveis sobre o mundo".[9] Mas que verdades são essas? Que cultivamos superficialidades, que vivemos numa realidade cada vez mais fictícia, que a constância de nossas identidades está em permanente declínio? Nesse caso, a moda nos revela verdades para cuja realização ela mesma foi, talvez, a principal força propulsora.

Apêndice: Crítica de moda*

Por que a crítica de moda é importante? A resposta é simples: o campo da moda precisa de crítica séria se quiser ser levado a sério como prática estética. Se a moda for simplesmente mais uma mercadoria, como leite, papel higiênico e areia sanitária para gatos, essa crítica não é muito necessária. Mas ela pretende ser muito mais.

Quando examinamos a história da moda, vemos que os estilistas tiveram pouco prestígio social até a segunda metade do século XIX. Parece quase inacreditável para nós, num mundo da moda em que tanta coisa depende dos nomes dos estilistas, que até essa altura os nomes dos costureiros simplesmente não fossem revelados. Eles eram de fato anônimos. Mas o costureiro quis se tornar um estilista, algo mais próximo de um artista. É especialmente nesse contexto que a crítica de moda se torna crucial.

Uma razão importante para a moda não ter alcançado o mesmo reconhecimento que outras formas de arte é que existem tradições de crítica séria nos campos das artes visuais, da música, da literatura, do cinema etc., ao passo que no campo da moda isso está em grande medida ausente. Nos jornais sérios, muito espaço é dedicado a críticas e análises substanciais das artes, mas em geral procuramos em vão por alguma coisa semelhante sobre moda. Há, é claro, matérias ocasionais sobre

---

* Palestra no seminário Pense Moda, São Paulo, 4 nov 2009.

uma tendência importante, como a moda ecológica, ou o perfil de um estilista famoso, mas raramente vemos a análise e a avaliação cuidadosas de uma coleção, como as dedicadas às artes.

Quem escreve sobre moda não deveria ser visto como um mero criado do estilista. Há uma dependência mútua aí, pois o que é escrito sobre a moda é decisivo para o estabelecimento e a validação de um estilista. Em outras palavras: os críticos de moda desempenham um papel decisivo na "criação de criadores", como o expressou Pierre Bourdieu. E deveriam desafiar os estilistas, impelindo-os a se superar.

Bourdieu salienta que a tarefa dos críticos e jornalistas é produzir uma *crença* nos objetos dos campos sobre os quais escrevem – algo que por sua vez fortalece sua própria posição. Isto é bastante óbvio no jornalismo de moda, mas há uma tendência nele a ser excessivamente acrítico para parecer digno de crédito. As ligações entre a imprensa e a indústria nesses casos são tão estreitas que é difícil considerar a imprensa de moda como outra coisa senão uma extensão dos ateliês.

A moda sempre se viu num lugar entre arte e capital, no qual muitas vezes abraçou o lado artístico para abrandar seu lado financeiro. Os aspectos comerciais, no entanto, tendem a sufocar a possibilidade de crítica genuína. O jornalismo de moda é visto em grande medida como uma extensão do departamento de marketing das empresas de moda, não como uma atividade com função e integridade bem-definidas. Essa atitude foi especialmente evidenciada naqueles casos em que jornalistas foram excluídos de futuros desfiles depois de escrever matérias que apenas insinuavam uma crítica negativa. Isso seria inaudito em praticamente qualquer outra arte.

Na literatura e nas artes, a crítica negativa é aceita. Autores e artistas podem não ficar felizes com críticas negativas – embora pessoalmente eu nunca tenha tido problema com isso –, mas admite-se que estar exposto a elas faz parte do ofício. Seria simplesmente inimaginável que uma editora como a HarperCollins ou a Penguin ameaçasse retirar seus anúncios da *New York Review of Books* ou do *Times Literary Supplement* se um de seus autores recebesse uma crítica ruim – ou se recusasse a enviar às revistas exemplares para serem resenhados no futuro. Da mesma maneira, não haveria a menor possibilidade de galeristas como Larry Gagosion ou Barbara Gladstone ameaçarem retirar seus anúncios da *Artforum* caso um de seus artistas fosse completamente destruído por uma crítica ali, e tampouco eles impediriam o crítico de entrar em futuras exposições. No mundo da moda, a mentalidade é muito diferente. Ele precisa amadurecer e aceitar a crítica negativa como parte natural do acolhimento de uma coleção.

Como Colin McDowell observou: "Num mundo em que não há crítica, o elogio se torna sem sentido." Em outras palavras, se nunca rejeitamos algo porque fracassa esteticamente ou em algum outro sentido, nossas avaliações positivas passam a não ter absolutamente nenhum peso.

Em qualquer disciplina – seja ela a pintura, a literatura ou o cinema –, a maior parte do que é produzido em qualquer momento será ruim. O mesmo certamente ocorre na moda. Nenhum pintor, escritor ou diretor produz só obras-primas – e tampouco nenhum estilista. Mais ainda, até obras-primas tendem a ter suas falhas – às vezes essas falhas são de fato o que torna uma peça interessante. Quando lemos o que se escreve sobre moda em revistas e jornais, no entanto, poderíamos ser levados a acreditar que não há nada senão obras-primas perfeitas no reino da moda.

Além disso, as revistas de moda são projetadas de tal maneira que muitas vezes é bastante difícil distinguir entre material editorial, contribuições artísticas e publicidade. A quantidade de anúncios cresceu enormemente e agora ocupa cerca de três vezes mais páginas que o material editorial numa edição normal da *Vogue*, mas é apresentada de tal maneira que pode ser difícil descobrir que se trata realmente de publicidade.

Sabemos que a economia da revista de moda típica é tal que a maior parte da renda provém de anúncios, não do preço de capa ou de assinaturas. Por isso, seria possível alegar que seu principal cliente não é o leitor, mas o anunciante. Isso conflita com a função do crítico de moda, que deve ser leal antes de tudo a seu próprio julgamento, depois ao público leitor, não ao anunciante.

Grande parte do jornalismo de moda, portanto, deveria ser categorizada como *"advertorials"*, isto é, anúncios disfarçados de artigos genuínos. Será que uma revista de moda não passa de um veículo para anúncios, um meio destinado unicamente a lhes fornecer um ambiente editorial propício, de modo que o editor possa obter o maior lucro possível? Nesse caso, duvido que ela jamais possa vir a ser um meio para a crítica de moda, porque esta só pode existir se lhe for assegurada certa independência dos interesses instrumentais dos anunciantes.

Assim que publiquei meu livro sobre moda na Noruega, muitos jornalistas noruegueses dessa área ficaram indignados com meus comentários sobre o jornalismo de moda. Minha resposta favorita foi a de uma profissional que ganhara o título de "jornalista de moda do ano" no ano anterior. Ela disse, e eu cito: "Não é verdade que sejamos acríticos. Uma vez escrevi uma análise crítica sobre uma coleção da Diesel." Essa resposta, evidentemente, tornou meu argumento ainda mais convincente. Será que alguém poderia imaginar a seguinte resposta por parte de um crítico literário eminente: "Não é verdade que sou acrítico. Uma vez escrevi uma resenha crítica de um romance de Paulo Coelho."? Isso simplesmente não aconteceria.

A competência de um crítico de moda difere da de um teórico da moda, assim como a crítica de arte difere da teoria da arte. Por vezes uma pessoa pode fazer as duas coisas sucessivamente, mas acho que isso é muito raro (um exemplo seria Arthur Danto, que, além de ser um dos principais teóricos da arte no mundo, escreve excelentes críticas de arte para *The Nation*). Quanto a mim, sou fundamentalmente um teórico, não um crítico. Ainda que eu tenha escrito muito e feito muitas palestras sobre arte, evitei deliberadamente escrever crítica de arte. E como acredito que seria um péssimo crítico de moda, não tenho nenhuma intenção de tomar esse caminho. Este apêndice trata, portanto, do que é a crítica de moda e de como deveria ser, não sendo em si mesmo um exemplo do que entendo por crítica de moda. Ele poderia ser descrito como uma metacrítica da moda, isto é, uma crítica da crítica de moda.

A própria teoria da moda ainda está muito incipiente, e não se aproxima de maneira alguma do nível de sofisticação e diversidade alcançado na teoria da arte. Em consequência, a crítica da moda não pode no momento receber da teoria da moda o mesmo tipo de apoio que a crítica de arte recebe da teoria da arte. Grande parte do que é escrito sob o rótulo de "teoria da moda" tem pouca pertinência para o crítico da área, que se interessa principalmente pelos aspectos estéticos da questão. Em geral, consiste apenas em estudos culturais e teoria de gênero aplicados a roupas. Não estou dizendo que haja alguma coisa errada em estudos culturais e teoria de gênero como tais; observo somente que eles serão muitas vezes de pertinência limitada para a crítica de moda num sentido estrito. Esta não deve simplesmente utilizar as ferramentas conceituais e os métodos da crítica de arte, mas pode, é claro, aprender com eles. Nem tudo vai bem na área da crítica de arte, tampouco, mas esse teria de ser o tema de outro livro. Vou mencionar apenas que na crítica de arte contemporânea poucos críticos têm uma compreensão bem desenvolvida da cor, das técnicas e dos materiais. É tentador dizer que eles *leram* demais e *viram* muito pouco. A crítica de moda não deve cometer o mesmo erro. Um crítico dessa área deve se expor a vastas quantidades de moda, e, nesse processo, aprender a como *ver*. Essa competência visual é de importância decisiva para a tarefa de estabelecer as comparações relevantes.

Há poucas possibilidades educacionais para críticos de moda, pelo menos nada comparável àquelas disponíveis para críticos de arte. E não há muitos precursores que possam servir de exemplo para futuros profissionais, mas se eu tivesse de mencionar alguns, Suzy Menkes, Holly Brubach e Colin McDowell seriam os primeiros da minha lista. Eles fazem julgamentos claros, seus escritos são bem-informados e podem proporcionar verdadeiro esclarecimento.

Há, é claro, grandes áreas de superposição entre a teoria, a crítica e a reportagem de moda, mas há também diferenças significativas. Eu situaria a crítica em algum lugar no *continuum* entre reportagem e teoria. Por vezes ela estará mais próxima da primeira, e por outras da segunda.

A característica essencial da crítica é *avaliação*, isto é, seu objetivo é expressar o mais claramente possível o que tem valor numa criação. A avaliação como tal, no entanto, não é suficiente para qualificar uma crítica como competente. Simplesmente fazer julgamentos, sem fornecer algum padrão crítico e razões bastante explícitas, não será suficiente. As palavras "*criticism*" e "*critique*" estão entre as mais malcompreendidas na língua inglesa (e suas equivalentes em outras línguas são igualmente mal-interpretadas). Por exemplo, ser simplesmente maledicente não é o mesmo que ser convenientemente crítico. O mero negativismo é confundido com frequência com crítica genuína. A tendência a sempre censurar não é em nada melhor que a tendência a sempre aprovar. Tentemos portanto elucidar o real significado de "crítica".

A palavra "crítica" origina-se do grego *krinein*, que significa julgar ou decidir. Significados adicionais são separar, distinguir, discriminar, determinar etc. Na mesma linha, a palavra grega *kriticos* referia-se a um membro de júri que proferia um veredicto. A crítica é uma prática que visa a pronunciar julgamentos sobre objetos, distinguindo entre o que é bom e o que é mau. Vale enfatizar que a crítica pode ser tanto negativa quanto positiva.

Seria possível afirmar, é claro, que há pouca razão para um crítico escrever sobre o que lhe parecem ser fracassos estéticos. Afinal, não se pode falar sobre tudo, e uma parte importante do trabalho do crítico consiste na seleção do que é suficientemente importante para ser objeto da sua análise. Por que então não escolher apenas as coisas boas e deixar de lado os fracassos? A resposta é simples: precisamos de tratamentos críticos de ambos, e frequentemente podemos aprender com fracassos tanto quanto com um sucesso – muitas vezes mais.

Como indiquei antes, creio que o aspecto mais essencial de toda crítica – seja ela de literatura, cinema, pintura ou moda – é avaliação. Isso está longe de ser incontroverso e é objeto de grande debate, por exemplo, na crítica de arte atual. No entanto, vou apenas pressupor esta concepção de crítica aqui. Mais ainda: a crítica competente consiste em avaliações sustentadas por razões. Esta é uma exigência bastante forte. Ela significa que alguém que simplesmente diz que isto é bom e aquilo é ruim, mas não sustenta essa afirmação com razões explícitas, não se qualifica como um crítico adequado. Outros componentes decisivos da crítica são: descrição, comparação, contextualização e interpretação.

A descrição consiste em expor para os leitores como é uma criação e como suas partes se encaixam. De que modo cor, corte, modelo e textura se harmonizam? Isso estabelece uma base para outros aspectos da crítica. A comparação consiste em chamar a atenção para semelhanças e diferenças em relação a outras criações. A contextualização envolve situar a criação no conjunto do trabalho anterior do estilista, suas inspirações e o ambiente cultural mais amplo. A interpretação tenta responder à pergunta: qual é o significado ou a importância disto? Neste aspecto haverá claramente uma grande variação, pela simples razão de que algumas criações são mais ricas em termos de conteúdo interpretável que outras.

A alta-costura pode ser o objeto mais tentador para a crítica de moda, porque parece fornecer um material mais rico em termos de conteúdo e originalidade, mas acredito ser pelo menos igualmente importante submeter o prêt-à-porter a escrutínio crítico, porque é esse tipo de roupa que desempenha realmente um papel na vida das pessoas. Poderíamos até dizer que, quanto mais as roupas de dado estilista são realmente *usadas*, menos provável é que ele seja objeto de crítica séria. A roupa masculina é também muito mais negligenciada que a moda feminina, embora seja igualmente importante e um tópico fascinante. Algumas criações pretendem apenas ser bonitas, o que é ótimo, mas isso deixa o intérprete com relativamente pouco trabalho a fazer. Outras pretendem expressar um conteúdo mais rico, e podem até não visar à beleza de maneira alguma.

Em última análise, vejo esses outros componentes como subordinados à função de avaliação, fornecendo ao crítico um fundamento sobre o qual ela pode ser elaborada. A avaliação trata da coerência da criação e do grau em que ela consegue realizar as intenções do estilista. São essas intenções significativas? A criação é esteticamente bem-sucedida?

Um crítico de moda deveria saber muito sobre história da moda, e chamar a atenção para convergências e rupturas significativas. Se examinamos as coleções de outono de 2009, à primeira vista pode parecer não haver quaisquer semelhanças notáveis entre os chapéus de pele de Rick Owens, os motivos gráficos de Dries van Nootens, os paletós de Marc Jacobs e os ombros largos e ternos grandes da Chloé. Há, é claro, mais do que uma insinuação dos anos 1980 aí, mas podemos ser ainda mais específicos. Eles foram todos claramente influenciados pelo estilista Per Spook, hoje muito esquecido, mas nenhum – até onde sei – reconheceu explicitamente essa influência. E quando a reconhecermos, nossa visão dessas coleções muda.

Elas não ficam diminuídas, mas começamos a apreender certas ligações estilísticas que não estavam claramente presentes antes. Mostrar características como esta é uma parte decisiva do trabalho do crítico de moda.

A crítica de moda deveria ser rigorosa, claramente expressa e historicamente fundamentada. Não deveria nem supersimplificar (como a atual costuma fazer), nem ser desnecessariamente obscura (como a crítica de arte atual costuma ser). Deveria buscar vitalidade e audácia, e distinguir o original do copiado. Deveria rastrear o desenvolvimento de um estilista – ou apontar paradas ou regressões – e tentar descobrir o que o levou a escolhas estéticas específicas, fornecer detalhes sobre as técnicas e materiais utilizados e finalmente emitir um julgamento. Como já foi mencionado, um julgamento adequado é algo mais que *mera* opinião – é uma opinião *ponderada* ou *justificada* que tem em vista uma validade mais ampla. A crítica nunca pode ser completamente objetiva. Deve conter necessariamente uma grande medida de subjetividade, dizendo tanto sobre o crítico quanto sobre o objeto sob escrutínio. É por isso que escrever crítica significa necessariamente expor-se. Escrever crítica é lutar para aprender a enfrentar coisas com que não sabemos ao certo como lidar, emitir julgamentos, expor-nos sabendo que o estamos fazendo, pondo nosso prestígio e nossa própria identidade em risco. Nas palavras de Pierre Bourdieu: "O gosto classifica, e classifica a pessoa que classifica." Esta é uma verdade que se aplica a todos nós, mas é especialmente aguda no caso do crítico, cujo julgamento está mais sujeito ao escrutínio público. Escrever crítica a sério implica pôr-se à prova todos os dias.

Que dizer sobre discordâncias entre críticos? Elas deveriam ser bem-vindas. A concordância entre pessoas demais sobre coisas demais nunca é um bom sinal. Significa quase sempre que estamos pensando pouco demais. *Deve* haver discordâncias entre críticos. Dois críticos podem certamente discordar quanto aos méritos relativos de dois estilistas, como por exemplo Rei Kawakubo e Martin Margiela. Mas deveríamos observar também que haverá em geral um alto grau de convergência entre os críticos em seus julgamentos. Um poderia preferir Kawakubo e o outro Margiela, e até achar determinada coleção simplesmente de mau gosto, mas seria demasiado surpreendente se um deles afirmasse que Kawakubo ou Margiela é um estilista praticamente sem mérito estético. Haverá discordâncias, mas estas só são possíveis contra um *background* muito mais amplo de concordância.

A crítica genuína deve ser incorruptível, no sentido de não ter nenhuma obrigação para com o estilista ou o ateliê de moda, mas somente para com padrões estéticos e o público leitor. Em outras palavras: o crítico de moda deve ser um *outsider*, não um agente de relações públicas a serviço da indústria da moda. Isso pode parecer entrar em choque com uma outra função de críticos e jornalistas que mencionei brevemente antes: a de produzir uma *crença* nos objetos dos campos sobre os quais escrevem. Acredito, contudo, que essas duas funções não colidem de maneira alguma. Ao contrário, se devemos produzir *crença* em nosso campo, devemos ser *dignos de crédito*, e não seremos dignos de crédito se não passarmos de um chefe de torcida para a indústria da moda. Se levamos a moda a sério, e queremos que outros façam o mesmo, devemos nos preocupar ainda mais em submetê-la a uma crítica adequada, independente.

De acordo com a visão apresentada aqui, a crítica é uma atividade extremamente exigente, mas quem disse que deveria ser fácil? Sei que é difícil trabalhar como um crítico competente em jornais e revistas, mas convém não esquecer que isso é também um privilégio, porque dá ao profissional a oportunidade de influenciar a opinião pública.

Os consumidores dependem dos críticos para ajudá-los a navegar através do vasto oceano da moda. Hoje essa necessidade é maior que nunca porque em nenhum momento anterior na história tamanha multiplicidade de modas esteve disponível. Os críticos deveriam guiar os leitores, ajudá-los a compreender os méritos e os defeitos dos objetos com que se defrontam e auxiliá-los na apreciação de novas ideias estéticas.

O crítico de moda deveria ser capaz de explicar aos leitores *por que* uma peça de roupa ou uma coleção é julgada um sucesso ou um fracasso, ajudando-os a *ver* essas coisas e a ganhar uma maior consciência em sua própria relação com a moda. Em certo sentido, deveria ensinar a leitores e consumidores a arte da crítica, permitindo-lhes fazer seus próprios julgamentos bem-informados, passíveis de serem sustentados por razões. Isso ajudaria o leitor a ir além da superfície, se houver alguma coisa ali, e em última análise a compreender a relevância desses artefatos para nossas vidas. E os críticos de moda têm o direito de exigir um esforço dos leitores. Alguns talvez temam que o tipo de crítica que proponho aqui possa sufocar a criatividade e o espírito brincalhão da moda. Creio que esses temores são infundados, pois a crítica no domínio da arte e da literatura certamente não tem esse efeito.

A crítica de moda é importante? Acredito que a resposta é um inequívoco "sim". Uma razão óbvia para isso é simplesmente a vasta influência da moda em nossas vidas. Eu diria que a moda desempenha um papel muito mais importante na cultura que as belas-artes, o que torna ainda mais urgente desenvolver ferramentas críticas para lidar com ela.

Precisamos de artigos de crítica de moda porque eles nos ajudam a reconhecer os méritos e as debilidades de estilistas e tendências, mas precisamos também de ensaios mais longos em que os críticos possam desenvolver ideias em maior profundidade e se alongar sobre o papel da moda nas nossas vidas. Nesse sentido, a crítica de moda se moverá na direção da filosofia da moda. Ela se torna uma questão de *pensar moda*. Mas que queremos dizer por pensar? Na minha opinião, Hannah Arendt está na trilha certa.

Para ela, o pensamento é uma atividade "destrutiva" positiva que solapa hábitos e regras. Como ela salienta: "Todo pensamento requer um *pare*-e-pense." Pensar interrompe nossas atividades e nos arranca da funcionalidade sem atritos tão característica de nossas vidas diárias. Podemos também chamar esse modo de pensamento de "reflexão", e na reflexão podemos instaurar certa distância entre nossas atividades e nós mesmos. "O pensamento lida com invisíveis, com representações de coisas ausentes; julgar sempre diz respeito a pormenores e coisas bem à mão. Mas as duas coisas estão inter-relacionadas." O pensamento está claramente amarrado ao julgamento. É na formulação de julgamentos que o pensamento é realizado no mundo, mas esses julgamentos só podem ser formulados se forem produzidos pelo pensamento. O objetivo do pensamento é retornar ao mundo que foi o ponto de partida de um dado pensamento, e esse objetivo implica que o pensamento deve ser crítico – e ser crítico nada mais é que exercer a capacidade de fazer distinções. A meta do pensamento, portanto, não é produzir conhecimento abstrato, mas sim nos dar capacidade de julgar, de fazer distinções. E é isso que o crítico de moda deve fazer.

Notas

1. Introdução: Uma filosofia da moda? (p.9 a 21)

1. Thomas Carlyle, *Sartor Resartus*, Londres, 1833-34.
2. Bret Easton Ellis, *Glamorama*, 1999.
3. Cf. Jennifer Craik, *The Face of Fashion: Cultural Studies in Fashion*, Londres, 1994, p.205.
4. Walter Benjamin, *Selected Writings*, vol.IV: 1938-1940, org. Howard Eiland e Michael W. Jennings, Cambridge, MA, 2003, p.179.
5. Acusações desse tipo não são em absoluto um fenômeno novo. Ver, por exemplo, a discussão desse termo em G.W.F. Hegel, *Lectures on the History of Philosophy*, vol.I, Lincoln e Londres, 1995, p.42.
6. Escreveram-se muitas e diversas histórias da moda. Uma das melhores, a meu ver, descrevendo a moda desde a Idade Média até os nossos dias, é de Christopher Breward: *The Culture of Fashion: A New History of Fashionable Dress*, Manchester, 1995.
7. Adam Smith, *The Theory of Moral Sentiments* [1759], Indianapolis, 1982, p.195.
8. Ibid., p.200-11.
9. Immanuel Kant, *Anthropology From a Pragmatic Point of View*, Carbondale e Edwardsville, IL, 1978, §71, p.148.
10. Novalis, *Fichte-Studien*, 1/2: *Werke, Tagebücher und Briefe Friedrich von Hardenbergs*, Darmstadt, 1999, p.192.
11. Georg Simmel, *Gesamtausgabe, vol.X: Philosophie der Mode*, Frankfurt, 1989, p.13.
12. Gilles Lipovetsky, *The Empire of Fashion: Dressing Modern Democracy*, org. Catherine Porter, Princeton, NJ, 1994, p.16. Ver também "Fashion is a social logic independent of its content", p.227.
13. Anne Hollander, *Seeing through Clothes*, Berkeley, CA, 1975, rev. 1993, p.350.
14. Elisabeth Wilson, *Adorned in Dreams: Fashion and Modernity*, Londres, 2003, p.3.

15. Roland Barthes, *The Fashion System*, Berkeley, CA, 1983.
16. Ludwig Wittgenstein, *Philosophical Investigations*, Oxford, 1968, p.32.
17. Lars Svendsen, *Hva er filosofi*, Oslo, 2003, p.71.
18. Hans-Georg Gadamer, *Truth and Method*, Londres, 1975, p.35.
19. Gadamer, "What is truth?", in Brice R. Wachterhauser (org.), *Hermeneutics and Truth*, Evanston, IL, 1994, p.40-1.
20. Simmel, *Philosophie der Mode*, p.13.
21. Hegel, *Lectures on the History of Philosophy*, vol.I, p.484.
22. Charles Taylor, *Sources of the Self: The Making of Modern Identity*, Cambridge, MA, 1989. Isto também se aplica a vários outros estudos, por exemplo Harvey Ferguson, *Modernity and Subjectivity: Body, Soul, Spirit*, Charlottesville, VA, 2000; Anthony J. Cascardi, *The Subject of Modernity*, Cambridge, 1992; e Daniel Shanahan, *Towards a Genealogy of Individualism*, Amherst, MA, 1992.
23. Ver Platão, *Hippias Maior*, 294a-b.
24. Kant, *Anthropology From a Pragmatic Point of View*, p.148.
25. Citado da introdução de Kerry McSweeney e Peter Sabor a Thomas Carlyle, *Sartor Resartus*, Oxford, 1987, p.xiii.
26. Carlyle, *Sartor Resartus*, p.41.
27. Ibid., p.57-8.
28. Ibid., p.30.
29. Hélène Cixous, "Sonia Rykiel in translation", in Shari Benstock e Suzanne Ferris (orgs.), *On Fashion*, New Brunswick, NJ, 1994, p.95-9.
30. Jay McInerney, *Model Behaviour*, Nova York, 1998, p.31.

2. O princípio da moda – o novo (p.22 a 38)

1. Ezra Pound, *Make It New*, Londres, 1934.
2. Andy Warhol, *The Philosophy of Andy Warhol (From A to B and Back Again)*, Nova York, 1975.
3. Christopher Breward, *The Culture of Fashion: A New History of Fashionable Dress*, Manchester, 1995, p.171.
4. Friedrich Nietzsche, *Der Wanderer und sein Schatten* [1880], in *Kritische Studienausgabe*, vol.II, Munique, 1988, p.215.
5. Roland Barthes, *The Fashion System*, Berkeley, CA, 1983, p.273.
6. Cf. Marc Froment-Meurice, *Solitudes: From Rimbaud to Heidegger*, Albany, NY, 1995, p.23.

Notas

7. Gianni Vattimo, *The End of Modernity*, Baltimore, 1989, p.99s.
8. Adolf Loos, *Spoken into the Void: Collected Essays, 1897-1900*, org. J.O. Newman e J.H. Smith, Cambridge, MA, 1982, p.53.
9. Cf. Adolf Loos, "Ornament and crime", in Adolf Opel (org.), *Ornament and Crime: Selected Essays*, Riverside, CA, 1998.
10. Loos, *Spoken into the Void*, p.12.
11. Kant, *Anthropology From a Pragmatic Point of View*, §71, p.148.
12. Ibid. Kant concorda nisso com Adam Smith, que mostra não haver objetos exteriores formados de maneira tão absurda que a moda não consiga nos fazer apreciá-los (Adam Smith, *The Theory of Moral Sentiments* [1759], Indianapolis, 1982, p.200).
13. Charles Baudelaire, "The painter of modern life" in *The Painter of Modern Life and Other Essays*, Londres, 1964, p.32-3.
14. Ibid., p.12.
15. Ibid., p.3. Ver também a seguinte passagem: "Todas as formas de beleza contêm, como todos os fenômenos, algo de eterno e algo de efêmero, algo absoluto e algo particular. Beleza absoluta e eterna não existe, ou melhor: é apenas uma abstração, a espuma sobre a superfície geral das várias formas de beleza. O elemento *particular* do belo vem das paixões – e como temos nossas paixões particulares, temos também nossa própria beleza."
16. Sobre o trabalho de Mallarmé como editor de moda, ver, por exemplo, Ulrich Lehmann, *Tigersprung: Fashion in Modernity*, Cambridge, MA, 2000, p.53-124.
17. Paul Valéry, *Essays and Aphorisms*, p.108.
18. Roland Barthes, *The Pleasure of the Text*, Nova York, 1975, p.40.
19. Rosalind E. Krauss, *The Originality of the Avant-Garde and Other Modernist Myths*, Cambridge, MA, 1985, p.157.
20. Ibid., p.162.
21. Cf. James Breslin, *Mark Rothko: A Biography*, Chicago, 1993, p.431.
22. A expressão "ânsia de inovar" foi tomada de Boris Groys, *Über das Neue: Versuch einer Kulturökonomie*, Munique, 1992, p.10.
23. Ibid., p.12.
24. Como mostra Adorno, isto faz de certo modo com que todas as coisas novas sejam idênticas simplesmente em virtude de serem essa única coisa, i.e., novas: "A categoria do novo é uma negação abstrata do duradouro e como tal coincide com ele: a fraqueza que ambos partilham é a qualidade invariante neles." Adorno, *Estetisk teori*, p.467.

25. Cf. Michael J. Wolf, *The Entertainment Economy*, Harmondsworth, 1999, p.293.
26. Nisto, porém, as modas subculturais são em parte uma exceção, pois muitas vezes têm a natureza de ser comentários diretos sobre a sociedade. Mas isso não significa que todas as modas também tenham essa característica. Como é mostrado no Capítulo 4, as modas subculturais têm muitas vezes um "conteúdo proposicional" mais amplo que outras modas, mas também vemos que a moda de massa é, em geral, desprovida dele e, de fato, esvazia as modas subculturais de qualquer conteúdo quando as absorve.
27. Jean Baudrillard, *For a Critique of the Political Economy of the Sign*, Nova York, 1980, p.79.
28. Cf. Breward, *The Culture of Fashion*, p.19.
29. Cf. Anne Hollander. *Sex and Suits: The Evolution of Modern Dress*, Berkeley, CA, 1994, p.166.
30. Milan Kundera, *Slowness*, Londres, 1996, p.34-5.
31. Barthes, *The Fashion System*, p.273.
32. Cf. Gilles Lipovetsky, *The Empire of Fashion: Dressing Modern Democracy*, org. Catherine Porter, Princeton, NJ, 1994, p.233.
33. Benjamin, *Selected Writings*, vol.IV: 1938-1940, p.179.
34. Esta tendência aplica-se sem dúvida à arte, cf. Lars Svendsen, *Kunst*, Oslo, 2000, p.106, mas numa medida ainda maior à moda.
35. Benjamin Buchloh, "Conversation with Andy Warhol", in M. Buskirk e M. Nixon (orgs.), *The Duchamp Effect*, Cambridge, MA, 1996, p.44.
36. Thomas More, *Utopia*, org. Paul Turner, Harmondsworth, 1983, p.75.
37. Ibid., p.78-9.
38. Groys, *Über das Neue*, p.45.
39. Walter Benjamin, *Gesammelte Schriften, vol.V: Das Passagen-Werk*, Frankfurt, 1991, B4, 4.

3. As origens e a difusão da moda (p.39 a 69)

1. Richard Steele, *The Tender Husband* [1705], org. Calhoun Winton, Londres, 1967.
2. "The sun and the rainfall", gravada em *A Broken Frame*, 1982.
3. Uma teoria proposta recentemente é a da chamada "memética"; ver em particular Richard Dawkins, *The Selfish Gene*, 2ª ed., Oxford, 1989,

p.189-201 [ed.bras.: *O gene egoísta*, São Paulo, Companhia das Letras, 2007]; e Susan Blackmore, *The Meme Machine*, Oxford, 1999. Acredito ter mostrado em outra obra, porém, por que a teoria memética não funciona, e não pretendo voltar a ela aqui (cf. Lars Svendsen, *Mennesket, moralen og genene*, Oslo, 2001, p.106-17).

4. Um dos estudos mais detalhados dessas leis é de Frances Elisabeth Baldwin, *Sumptuary Legislation and Personal Regulation in England*, Baltimore, 1926.
5. Ver, por exemplo, Diana Crane, *Fashion and its Social Agendas: Class, Gender and Identity in Clothing*, Chicago, 2000, p.3s.
6. Este pensamento está tão presente em tantas teorias sobre a moda, em especial na sociologia, que é encontrado até em pensadores não ortodoxos como Jean Baudrillard em seus primeiros trabalhos. Ver Baudrillard, *The Consumer Society: Myths and Structures*, Londres, 1970, p.62s.
7. Smith, *The Theory of Moral Sentiments*, p.64.
8. Kant, *Anthropology From a Pragmatic Point of View*, p.148.
9. Herbert Spencer desenvolve esta ideia em vários de seus escritos, mas a melhor e mais abrangente explicação é dada em *The Principles of Sociology*, parte II, cap.4, Londres, 1879. Para uma exposição de fácil leitura da sociologia da moda de Spencer, ver Michael Carter, *Fashion Classics from Carlyle to Barthes*, Oxford, 2003, cap.2.
10. Jorge Luis Borges, *The Total Library: Non-fiction, 1922-1986*, Harmondsworth, 1999, p.518.
11. Thorstein Veblen, "The economic theory of women's dress", in Leon Ardzrooni (org.), *Essays in our Changing Order*, Nova York, 1964, p.72.
12. Thorstein Veblen, *The Theory of the Leisure Class* [1899], Amherst, NY, 1998, p.36.
13. Com relação a este conceito, ver em particular ibid., cap.4.
14. Ibid., p.103s.
15. Ibid., p.115.
16. Ibid., cap.6.
17. Ibid., p.177.
18. Georg Simmel, *Gesamtausgabe, vol.X: Philosophie der Mode*, Frankfurt, 1989, p.9s.
19. Ibid., p.31.
20. Aqui seria possível mencionar também a afirmação de Darwin de que "as modas dos selvagens são mais permanentes que as nossas"

(Charles Darwin, *The Descent of Man, and Selection in Relation to Sex* [1871], Amherst, NY, 1998, p.605).
21. Simmel, *Philosophie der Mode*, p.11, 13.
22. Ibid., p.32.
23. Georg Simmel, "Die Mode", in *Gesamtausgabe*, vol.XIV, Frankfurt, 1989, p.196.
24. Gabriel de Tarde, *Les lois de l'imitation*, Paris, 1890, Gloucester, MA, 1962, p.215.
25. Anne Hollander, *Sex and Suits: The Evolution of Modern Dress*, Berkeley, CA, 1994, p.7.
26. Isto está mudando. A maioria das obras sobre moda normalmente contém pelo menos um capítulo sobre moda masculina. Já foram escritas também várias obras que tratam especificamente desse assunto.
27. Hollander, *Sex and Suits*, p.9.
28. Cf. Jennifer Craik, *The Face of Fashion: Cultural Studies in Fashion*, Londres, 1994, p.176.
29. Ver, por exemplo, Kåre Tønesson, *Revolusjonen som rystet Europa: Frankrike 1789-1815*, Oslo, 1989, p.10.
30. Convém também observar aqui que os termos *denim* e jeans são ambos de origem americana, derivados dos termos europeus "Serge de Nîmes", no caso do material, e de *"Genuese"* (i.e., genovês) no caso do corte.
31. Cf. Fred Davis, *Fashion, Culture, and Identity*, Chicago, 1992, p.68s.
32. Andy Warhol, *The Philosophy of Andy Warhol (Fram A to B and Back Again)*, NovaYork, 1975, p.101.
33. O que deve ou não ser considerado alta-costura é basicamente uma questão de preferência. Mas para satisfazer os critérios oficiais da alta-costura um estilista deve empregar pelo menos 20 costureiras e mostrar pelo menos duas coleções com 75 criações cada ano, devendo estas ser costuradas à mão e feitas sob medida.
34. Ver Diana Crane, *Fashion and its Social Agendas: Class, Gender and Identity in Clothing*, Chicago, 2000, p.26-66.
35. Bourdieu enfatiza que, enquanto para a estética da autonomia de Kant é vital eliminar a funcionalidade do objeto para que ele possa ser objeto de um genuíno julgamento de gosto, o gosto "popular" espera exatamente o contrário, i.e., o objeto deve ter uma funcionalidade, mesmo que seja apenas um *signo* funcional numa pintura (Pierre Bourdieu, *La distinction: Critique sociale du jugement*, Paris, 1979). Talvez

possamos dizer que gosto pretensamente desinteressado é apenas um reflexo dos interesses de uma classe social particular.
36. Crane, *Fashion and its Social Agendas*, p.58s.
37. Ver em particular Bourdieu, *La distinction*. Citações a partir da edição norueguesa: *Distinksjonen*, Oslo, 1995.
38. Ibid., p.99.
39. Ibid., p.249.
40. Ibid., p.218.
41. Outra coisa que deveria ser examinada mais a fundo é a relação entre o conceito de *"habitus"* de Bourdieu e o conceito de "hábitos de vida" de Veblen (Veblen, *Theory of the Leisure Class*, p.106s, 195, 221), entre os quais há muitas semelhanças.
42. Pierre Bourdieu, "Social space and symbolic power", *Sociological Theory*, vol.I, 1989, p.20.
43. Veblen, *Theory of the Leisure Class*, p.115.
44. Então, Colin Campbell criticou Veblen por confundir dois tipos de explicação – explicações de objetivo e explicações funcionalistas – em sua análise do consumo conspícuo (Colin Campbell, "Conspicuous confusion? A critique of Veblen's theory of conspicuous consumption", *Sociological Theory*, 1995). É preciso admitir, pelo menos, que Veblen nem sempre distingue esses dois tipos de explicação nem deixa claro precisamente qual deles está fornecendo.
45. Ver, por exemplo: "A nova classe média baixa está predisposta a participar entusiasticamente, forçando outros a aceitarem o estilo de vida que a nova classe média representa, pois, afinal de contas, a posição da nova classe média é o verdadeiro objeto das aspirações da classe média baixa e uma meta provável de sua carreira. ... Essa classe média baixa está pronta a desempenhar o papel de intermediário para atrair para a corrida do consumo e da competição precisamente aqueles de quem eles próprios estão tentando se distinguir a qualquer preço" (Bourdieu, *Distinksjonen*, p.174).
46. Para escapar ao "economismo" como a base do capitalismo simbólico, Bourdieu se refere a várias práticas "não econômicas" em que ocorre troca. Segundo ele, o "economismo é uma forma de etnocentrismo" (Pierre Bourdieu, *The Logic of Practice*, Cambridge, 1990, p.112) porque trata as economias como se elas fossem variantes da economia moderna, capitalista. Tal modelo, contudo, é incapaz de explicar muitas outras formas de troca.
47. Cf. Bourdieu, *Distinksjonen*, p.48-9.

48. Ibid., p.219.
49. Ibid., p.36.
50. Ibid., p.73.
51. Ibid., p.52.
52. Ibid., p.45.
53. Ibid., p.38.
54. Ibid., p.126.
55. Herbert Blumer, "Fashion: From class differentiation to collective selection", *Sociological Quarterly*, vol.X (1969), p.281.
56. Como mostra o sociólogo Fred Davis, outro problema é que a teoria de Blumer não leva em conta todo o aparato que está por trás da disseminação de um estilo – estilistas, ateliês de moda, pesquisadores de tendências e imprensa (Davis, *Fashion, Culture, and Identity*, p.115-20).
57. Ver, por exemplo, Anne Hollander, *Seeing through Clothes*, Berkeley, CA, 1975, rev. 1993, p.351.
58. Eric Hobsbawm, *The Age of Extremes*, Londres, 1995, p.178.
59. Cf. Davis, *Fashion, Culture, and Identity*, p.135.
60. Ver Crane, *Fashion and its Social Agendas*, p.135.
61. Gilles Lipovetsky, *The Empire of Fashion: Dressing Modern Democracy*, org. Catherine Porter, Princeton, NJ, 1994, p.97.
62. Cf. Anne Hollander, *Feeding the Eye*, Berkeley, CA, 2000, p.112.
63. Lipovetsky, *The Empire of Fashion*, p.41.

4. Moda e linguagem (p.70 a 83)

1. Martin Amis, *Other People*, Londres, 1981.
2. Cf. Christopher Breward, *The Culture of Fashion: A New History of Fashionable Dress*, Manchester, 1995, p.87.
3. Alison Lurie, *The Language of Clothes*, Nova York, 1981 [2000], p.4.
4. Ibid., p.5.
5. Ibid., p.35-6.
6. Ibid., p.244-5. É preciso admitir aqui que é uma afirmação de James Laver que está sendo passada adiante por Lurie, embora ela lhe dê sua aprovação.
7. Outro problema com o livro de Lurie é que ela parece ter uma visão da linguagem aparentada com a desacreditada teoria da linguagem das ideias, à qual dá, reconhecidamente, uma interpretação psicanalítica. Segundo a teoria das ideias, expressões linguísticas podem ganhar significado associando-se na consciência humana com ideias

independentes da linguagem. Esta teoria, que foi defendida em particular por empiristas britânicos, encontrou dificuldades insuperáveis para explicar como a linguagem funciona, e a crítica a ela é o ponto de partida da maior parte da filosofia da linguagem contemporânea. (Para uma exposição mais detalhada da teoria das ideias e os problemas nela envolvidos, ver Lars Svendsen e Simo Säätelä, *Det sanne, det gode og det skjønne*, Oslo, 2004, p.102s.)

8. Fred Davis, *Fashion, Culture, and Identity*, Chicago, 1992, p.7.
9. Roland Barthes, *The Fashion System*, Berkeley, CA, 1983, p.xi.
10. Ibid., p.8.
11. Ibid., p.213-4.
12. Ibid., p.236.
13. Ibid., p.287-8.
14. Ibid., p.263.
15. Aqui talvez se possa afirmar que essa abordagem incide no que o New Criticism chamou de "a falácia intencional", ressaltando que o significado de uma obra de arte não pode ser explicado por referência às intenções do artista, uma vez que é a própria obra que tem significado (cf. W.K. Wimsatt e Monroe C. Beardsley, "The intentional fallacy", in *The Verbal Icon: Studies in the Meaning of Poetry*, Lexington, KY, 1982). Por outro lado, é uma boa ideia ser crítico em relação a alguns dos pressupostos da New Critics, por exemplo, que a obra dever ser considerada uma entidade completamente autônoma.
16. Broch, *Hofmansthal og hans tid*, org. Sverre Dahl, Oslo, 1987, p.121.
17. Diana Crane, *Fashion and its Social Agendas: Class, Gender and Identity in Clothing*, Chicago, 2000, p.242-3. Provavelmente Crane tomou a distinção entre textos "abertos" e "fechados" de Umberto Eco, *The Role of the Reader: Exploratiom in the Semiotics of Texts*, Bloomington, IN, 1979.
18. Anne Hollander, *Seeing through Clothes*, Berkeley, CA, 1975, rev. 1993, p.365-90.
19. *The Economist*, 4 mar 2004.
20. David Muggleton, *Inside Subculture: The Postmodern Meaning of Style*, Oxford, 2000, p.47-8.

5. A moda e o corpo (p.84 a 101)

1. Bret Easton Ellis, *Glamorama*, Nova York, 1999.
2. Andy Warhol, *The Philosophy of Andy Warhol (From A to B and Back Again)*, Nova York, 1975.

3. Jennifer Saunders, "Magazine", *Absolutely Fabulous*, BBC TV, 10 dez 1992.
4. Esta visão, muito disseminada, foi proposta em amplas seções da literatura recente sobre o eu. Um livro que tratou desse tema relativamente cedo de um ponto de vista social-científico, e que ainda é satisfatório, é de Bryan S. Turner, *The Body and Society*, Oxford, 1984.
5. Cf. Susan Bordo, "Reading the slender body", in *Body and Flesh: A Philosophical Reader*, Oxford, 1998, p.291.
6. Jean Baudrillard, *The Consumer Society: Myths and Structures*, Londres, 1970 [1988], p.129.
7. Oscar Wilde, "A few maxims for the instruction of the overeducated", in *Complete Works of Oscar Wilde*, Londres, 1966, p.1203.
8. Cf. Harvey Ferguson, *Modernity and Subjectivity: Body, Soul, Spirit*, Charlottesville, VA, 2000, p.23.
9. G.W.F. Hegel, *Aesthetics: Lectures on Fine Art*, vol.II, Lincoln e Londres, 1995, p.747.
10. Hegel, *Lectures on the History of Philosophy*, vol.I, p.484.
11. Cf. Colin McDowell (org.), *The Pimlico Companion to Fashion: A Literary Anthology*, Londres, 1998, p.387.
12. Ver por exemplo Hélène Cixous, "Sonia Rykiel in translation", in Shari Benstock e Suzanne Ferris (orgs.), *On Fashion*, New Brunswick, NJ, 1994, p.95-9.
13. Anne Hollander, *Seeing through Clothes*, Berkeley, CA, 1975, rev. 1993, p.83-156.
14. Ibid., p.87.
15. Gênesis 3:7, 21.
16. Cf. Norbert Elias, *Über den Prozess der Zivilisation: Sosiogenetische und psychogenetische Untersuchungen*, vol.I, Frankfurt, 1997, p.316s. [Ed. bras: *O processo civilizador 1*, Rio de Janeiro, Zahar, 1994.]
17. Mario Perniola, "Between clothing and nudity", in Michel Feher et al. (orgs.), *Fragments for a History of the Human Body*, Nova York, 1989, p.237.
18. Hollander, *Seeing through Clothes*, p.83-156.
19. Cf. Mark C. Taylor, *Hiding*, Chicago, 1997, p.185.
20. Para um exemplo clássico desse tipo de objeção à moda de vestuário, ver Arthur Schopenhauer, *Sämtliche Werke, v: Parerga und Paralipomena*, vol.II, Frankfurt, 1986, p.683-4.
21. Baudelaire, "The painter of modern life", p.32-3.
22. Charles Baudelaire, *Intimate Journals*, Londres, 1949, p.25.
23. Ibid., p.26.

24. Baudelaire, "The painter of modern life", p.33.
25. Carlyle, *Sartor Resartus*, livro I, caps.IX e X.
26. Georg Simmel, *Gesamtausgabe, vol.X: Philosophie der Mode*, Frankfurt, 1989, p.36.
27. *Elle*, mar 1991.
28. Musil, *Mannen uten egenskaper*, vol.I, p.20.
29. NTB News, 9 jul 2004.
30. Karl Kraus, *Aphorismen: Sprüche und Widersprüche*, Frankfurt, 1986, p.24.
31. Erling Dokk Holm, *Fra Gud til Gucci*, Oslo, 2004, p.148.
32. Ver, por exemplo, Kathryn Pauly Morgan, "Women and the knife: Cosmetic surgery and the colonization of women's bodies", in Donn Welton (org.), *Body and Flesh: A Philosophical Reader*, Oxford, 1998, p.325-47.
33. Para um estudo da modificação do corpo como moda, ver, por exemplo, Paul Sweetman, "Anchoring the (postmodern) self? Body modification, fashion and identity", in Mike Featherstone (org.), *Body Modification*, Londres, 2000.
34. Cf. Jennifer Craik, *The Face of Fashion: Cultural Studies in Fashion*, Londres, 1994, p.153.
35. Harold Koda, *Extreme Beauty: The Body Transformed*, Nova York, 2001, p.13.
36. Valerie Steele, "The corset: Fashion and eroticism", *Fashion Theory*, vol.II, 1999, p.473.
37. Baudrillard, *America*, Londres e Nova York, 1988, p.38.
38. Cf. Craik, *The Face of Fashion*, p.84. Isto pode ser parcialmente explicado, é claro, pelo fato de o corpo americano médio ter se tornado mais pesado.
39. Anthony Giddens, *Modernity and Self-Identity: Self and Identity in the Late Modern Age*, Cambridge, 1991, p.7. [Ed. bras.: *Modernidade e identidade*, Rio de Janeiro, Zahar, 2002.]
40. Em *Modesty in Dress: An Inquiry into the Fundamentals of Fashion*, Londres, 1969, James Laver propôs a teoria da "zona erógena cambiante", segundo a qual, em diferentes períodos, diferentes partes do corpo feminino são acentuadas. Até aí a teoria de Laver não suscita problemas, mas a explicação que ele dá é mais duvidosa. Segundo ele, uma constante mudança de zonas erógenas é necessária para que os homens não fiquem entediados. Em primeiro lugar, isso significa

que as mulheres estão completamente à mercê do olhar masculino, i.e., vestem roupas sexy exclusivamente para atrair homens, coisa de que há boas razões para duvidar. Em segundo lugar, isso explicaria somente mudanças na moda feminina, não na masculina – o inverso também teria de ser verdadeiro, isto é, a moda masculina muda para que as mulheres não fiquem entediadas. Se fosse assim, seria estranho que ela tenha, em geral, sofrido apenas mudanças relativamente pequenas e sutis do início do século XIX até hoje.

41. Cf. Elisabeth Wilson, *Adorned in Dreams: Fashion and Modernity*, 2ª ed., Londres, 2003, p.131.
42. As reflexões que se seguem sobre a natureza dos seios se baseiam em grande medida em Koda, *Extreme Beauty*, p.50-69.
43. Ver também Hollander, *Seeing through Clothes*, p.98.
44. Ver, por exemplo, John Curra, *The Relativity of Deviance*, Londres, 2000, esp. p.1-38.
45. A busca de tais padrões universais foi corrente em partes da sociobiologia e da psicologia da evolução. Ver, por exemplo, Steven Pinker, *How the Mind Works*, Harmondsworth, 1998, p.483-7; e Edward O. Wilson, *Consilience: The Unity of Knowledge*, Londres, 1998, p.256s.
46. Susannah Frankel, *Visionaries: Interviews with Fashion Designers*, Londres, 2001, p.154.

6. Moda e arte (p.102 a 126)

1. "Flamboyant", gravada em *Pop Art*, 2003.
2. Ver Nancy J. Troy, *Couture Culture: A Study in Modern Art and Fashion*, Cambridge, MA, 2003, cap.1.
3. Citado de Troy, *Couture Culture*, p.47.
4. Susannah Frankel, *Visionaries: Interviews with Fashion Designers*, Londres, 2001, p.35. Margiela não é em absoluto o único estilista mais de vanguarda a rejeitar a ideia de ser chamado de artista. Outro exemplo é Kawakubo (ibid., p.160). Angela McRobbie, por outro lado, entrevistou vários estilistas ingleses que se consideravam artistas e desejavam ser considerados como tais (McRobbie, *British Fashion Design: Rag Trade or Image Industry?*, Londres, 1998, p.6).
5. Cf. Fred Davis, *Fashion, Culture, and Identity*, Chicago, 1992, p.126-7. Há exceções, é claro, como Holly Brubach, mas são precisamente exceções.

Uma seleção substancial de artigos de Brubach foi publicada sob o título *A Dedicated Follower of Fashion*, Londres, 1999.
6. Pierre Bourdieu, "Haute couture and haute culture", "But who created the 'Creators'?", in *Sociology in Question*, Londres, 1993, p.132-8, 139-48.
7. Ver, em particular, Troy, *Couture Culture*.
8. Para mencionar algumas dessas exposições: *Fashion and Surrealism*, Victoria and Albert Museum, Londres, 1988; *Streetstyle*, Victoria and Albert Museum, Londres, 1994; *Il tempo e le mode*, Florence Biennale, 1996 – exposição mostrada depois sob os títulos *Art/Fashion*, Solomon R. Guggenheim Museum, Nova York, e *Addressing the Century: A Hundred Years of Art and Fashion*, Hayward Gallery, Londres, 1998.
9. Sobre o uso da arte em contextos de publicidade, ver James B. Twitchell, *Adcult USA: The Triumph of Advertising in American Culture*, Nova York, 1996, p.179-228.
10. Cf. Chris Townsend, *Rapture: Art's Seduction by Fashion since 1970*, Londres, 2002, p.45s; esse é um dos melhores estudos sobre a relação entre arte e moda.
11. Ver, por exemplo, T.J. Clark, *Farewell to an Idea: Episodes from a History of Modernism*, New Haven, CT, 1994.
12. Citado de Townsend, *Rapture*, p.96.
13. Cf. Caroline Evans, *Fashion at the Edge: Spectacle, Modernity and Deathliness*, New Haven, CT, 2003, p.69-70.
14. Ou, como Siri Meyer o expressou: "A alta-costura se transformou de um meio para assinalar e manter posições sociais em uma parte da economia dos signos" (Meyer, "Kledd for demokrati", in Erling Dokk Holm e Siri Meyer (orgs.), *Varene tar makten*, Oslo, 2001, p.108.)
15. Para uma exposição de leitura agradável desta tendência da moda, ver Rebecca Arnold, *Fashion, Desire and Anxiety: Image and Morality in the 20th Century*, Londres, 2001.
16. Para uma descrição desse "escândalo", ver Evans, *Fashion at the Edge*, p.19.
17. Walter Benjamin, *Selected Writings*, vol.III: 1935-1938, org. Howard Eiland e Michael W. Jennings, Nova York, 2002.
18. Cf. Frankel, *Visionaries*, p.16.
19. Ibid., p.19.
20. Cf. Nathalie Khan, "Catwalk politics", in Stella Bruzzi e Pamela Church Gibson (orgs.), *Fashion Cultures: Theories, Explanations and Analyses*, Londres, 2000, p.118.

21. Citado de Naomi Klein, *No Logo*, Londres, 2000, p.63.
22. Cf. Judith Watt (org.), *The Penguin Book of Twentieth-Century Fashion Writing*, Harmondsworth, 1999, p.244.
23. Walter Benjamin, "A small history of photography", in *One Way Street and Other Writings*, Londres, 1985, p.254-5.
24. Esta é uma das razões por que uma característica central de grande parte da crítica contemporânea do consumo tem consistido em mostrar que relações de produção estão realmente por trás das mercadorias que compramos. Ver por exemplo Klein, *No Logo*, caps.9-11.
25. Cf. Elliott Smedley, "Escaping to reality: Fashion photography in the 1990s", in Bruzzi e Gibson (orgs.), *Fashion Cultures*.
26. Anne Hollander, *Seeing through Clothes*, Berkeley, CA, 1975, rev. 1993, p.311.
27. Suzy Menkes, "Playing to the galleries: Wannabe art", *International Herald Tribune*, 13 out 1998.
28. Cf. Adorno, *Estetisk teori*, org. Arild Linnberg, Oslo, 1998, p.39.
29. Immanuel Kant, *The Critique of Judgement*, Oxford, 1986, §16, p.72.
30. Tratei disso em maior profundidade em Lars Svendsen, *Kunst*, Oslo, 2000, p.112-3.
31. Zandra Rhodes, "Is fashion a true art form?", *The Observer*, 13 jul 2003.
32. Khan, "Catwalk politics", p.123.
33. Clement Greenberg, "Toward a newer Laocoön", in Charles Harrison e Paul Wood (orgs.), *Art in Theory, 1900-1990*, Oxford, 1992, p.556.
34. Sung Bok Kim, "Is fashion art?", *Fashion Theory*, vol.I, 1998.
35. Esta é minha principal asserção em Svendsen, *Kunst*. Ver, em particular, caps.1 e 6.
36. Oscar Wilde, "Pen, pencil and poison: a study in green", in *Complete Works of Oscar Wilde*, Londres, 1966, p.997.
37. Adorno, *Estetisk teori*, p.310.
38. Ibid., p.333.
39. Adorno também escreve: "Moda é a admissão permanente por parte da arte de que ela não é o que pretende ser e o que deveria ser em relação à sua ideia" (ibid., p.543). Está sugerido aqui que há uma ideia, uma norma para o que a arte deve ser, e Adorno também afirma que a arte "não pode satisfazer seu conceito" (ibid., p.103). Eu diria que a arte não tem mais um conceito a que deva corresponder, que ela perdeu seu conceito, e por isso também a missão de corporificá-lo. Expliquei minha posição de maneira mais detalhada em Svendsen, *Kunst*, cap.6.

40. Adorno, *Estetisk teori*, p.543.
41. Cf. Ulrich Lehmann, *Tigersprung: Fashion in Modernity*, Cambridge, MA, 2000, p.348.

7. Moda e consumo (p.127 a 157)

1. "Lost in the supermarket", gravada em *London Calling*, 1979.
2. Bret Easton Ellis, *Glamorama*, Nova York, 1999.
3. Jennifer Saunders, "Birthday", *Absolutely Fabulous*, BBC TV, 17 dez 1992.
4. Neste capítulo, as palavras norueguesas *forbruk* e *konsum* foram ambas traduzidas por "consumo", porque haviam sido usadas apenas para variação vocabular.
5. Ver, por exemplo, Zygmunt Bauman, "From the work ethic to the aesthetic of consumption", *The Bauman Reader*, Oxford, 2001, p.312. Sobre tédio e consumo, ver também Peter N. Stearns, *Consumerism in World History: The Global Transformation of Desire*, Londres, 2001, p.22-3. Não se realizaram, aliás, muitos estudos sobre a relação entre o tédio e a consciência da moda, mas a pequena quantidade de material existente parece indicar uma ligação; cf. Cathryn M. Staudak e Jane E. Workman, "Fashion groups, gender, and boredom proneness", *International Journal of Consumer Studies*, vol.I, 2004.
6. Manuel Castells, *The Network Society*, Oxford, 1996, vol.I, p.443.
7. Cf. Frode Nyeng, "Den postmoderne forbrukeren – grenseløs frihet og smertefull individualisme", in Trond Blindheim, Thor Øyvind Jensen e Frode Nyeng, *Forbrukeren: Helt, skurk eller offer?*, Oslo, 2000.
8. Permitam-me mencionar um importante levantamento empírico feito na Grã-Bretanha e publicado em 1992. Nele, Peter Lunt e Sonia Livingstone constataram que a maneira normal como os consumidores médios usavam as mercadorias, inclusive seus valores simbólicos, era relevante para sua construção de identidade. Esses consumidores não eram, contudo, um grupo homogêneo, dividindo-se em cinco categorias: (1) consumidores alternativos (12%), que compravam roupas de segunda mão, frequentavam "mercados de pulgas" etc.; (2) consumidores rotineiros (31%), que não experimentam nenhum prazer ou desprazer particular ao fazer compras, mas fazem-no como parte de sua rotina diária; (3) consumidores por lazer (24%), que se aproximam do estereótipo do consumidor "pós-moderno" e consi-

deram as compras uma parte importante da vida; (4) consumidores cautelosos, que gostam de comprar mas estão mais interessados nos produtos propriamente ditos que no ato de comprar; (5) consumidores hábeis (18%), que gostam de comprar, mas estão interessados sobretudo em obter as coisas da maneira mais barata possível (Peter Lunt e Sonia Livingstone, *Mass Comsumption and Personal Identity: Everyday Economic Experience*, Buckingham, 1992, p.89-94). Como vemos, apenas um quarto dos consumidores corresponde diretamente à imagem do "consumidor pós-moderno", ao passo que as outras categorias o fazem em graus muito variáveis. Contudo, como o consumo privado aumentou 40-50% desde que esse estudo foi publicado, há razões para supor que o grupo dos "consumidores por lazer" tenha aumentado consideravelmente.

9. É também extremamente difícil encontrar padrões claros na relação entre renda e consumo de roupas. A porcentagem da renda usada em roupas tem variado muito dependendo da economia, geografia (tanto entre diferentes países como entre áreas urbanas e rurais), época, idade etc. Em suma, há um conjunto de variáveis com tamanha diversidade que é extremamente problemático fazer qualquer generalização. No decorrer do século passado, as pessoas gastaram cada vez mais com roupas – com um acentuado aumento no consumo, em particular durante as últimas décadas –; ao mesmo tempo, porém, o total gasto correspondeu a uma parte cada vez menor de seus ganhos. Em geral, as roupas se tornaram mais baratas. Calças e camisas produzidas em massa nunca custaram tão pouco em relação ao rendimento médio da população. Itens de marca, por outro lado, não se tornaram significativamente mais baratos.
10. Daniel Miller, *Material Culture and Mass Consumption*, Oxford, 1987.
11. Ver em particular Daniel Miller, *A Theory of Shopping*, Ithaca, NY, 1988.
12. Cf. George Ritzer, *Enchanting a Disenchanted World: Revolutionizing the Means of Consumption*, Londres, 1999, p.194.
13. Bauman, "From the work ethic to the aesthetic of consumption", p.330.
14. Mary Douglas e Baron Isherwood, *The World of Goods: Towards an Anthropology of Consumption*, Londres, 1979, p.12.
15. Cf. Mark C. Taylor, *Hiding*, Chicago, 1997, p.125.
16. Gilles Lipovetsky, *The Empire af Fashion: Dressing Modern Democracy*, org. Catherine Porter, Princeton, NJ, 1994, p.145.

17. Colin Campbell, *The Romantic Ethic and the Spirit of Modern Consumerism*, Blackwell, Oxford, 1989.
18. Ibid., p.227.
19. Friedrich Schlegel, *Critical Fragments*, in Peter Firchow (org.), *Lucinde and the Fragments*, Minneapolis, 1971, §47, p.149.
20. Este ponto é também sublinhado por Charles Taylor, *Sources of the Self: The Making of Modern Identity*, Cambridge, MA, 1989, p.458.
21. Campbell, *The Romantic Ethic and the Spirit of Modern Consumerism*, p.95.
22. Cf. Zygmunt Bauman, *Intimations of Postmodernity*, Londres, 1992, p.51.
23. Kalle Lasn, *Culture Jam*, Nova York, 1999, p.xi.
24. Michel de Certeau, *The Practice of Everyday Life*, Berkeley, CA, 1984.
25. Cf. Lipovetsky, *The Empire of Fashion*, p.80.
26. Vance Packard, *The Hidden Persuaders*, Nova York, 1957.
27. Ver, por exemplo Naomi Wolf, *The Beauty Myth*, Nova York, 1991.
28. Frederic Jameson, *Postmodernism; or, The Cultural Logic of Late Capitalism*, Durham, NC, 1991, p.44.
29. Rob Shields, "The logic of the mall", in S.M. Riggins (org.), *The Socialness of Things: Essays on the Socio-Semiotics of Objects*, Nova York, 1994.
30. Ian Woodward, Michael Emmison e Philip Smith, "Consumerism, disorientation and postmodern space: A modest test of an immodest theory", *British Journal of Sociology*, LI/2, 2000, p.339-54.
31. Georg Simmel, *Gesamtausgabe, vol.VI: Philosophie des Geldes*, Frankfurt, 1989.
32. Simmel, "Storbyene og andslivet", p.99-100.
33. Simmel, *Philosophie des Geldes*, p.633-4.
34. Giacomo Leopardi, *Moral Tales*, vol.I, Manchester, 1983, p.51-2.
35. Ver, em particular, Simmel, "Der Begriff und die Tragödie der Kultur", *Gesamtausgabe*, vol.XIV, Frankfurt, 1989, p.385-416.
36. Simmel, "Storbyene og andslivet", p.100.
37. Bourdieu, *Distinksjonen*, p.101.
38. Jean Baudrillard, *The System of Objects*, Londres e Nova York, 1996, p.200.
39. Jean Baudrillard, *The Consumer Society: Myths and Structures*, Londres, 1970, p.116.
40. Cf. Russell Belk, "Possessions and the extended self", *Journal of Consumer Research*, vol.XV, 1988.
41. Nancy J. Troy, *Couture Culture: A Study in Modern Art and Fashion*, Cambridge, MA, 2003, p.231.

42. Debord, *The Society of the Spectacle*, Nova York, 1995, §193.
43. Troy, *Couture Culture*.
44. Ibid., p.25.
45. Ibid., p.232s.
46. David Boyle, *Authenticity, Brands, Fakes, Spin and the Lust for Real Life*, Londres, 2003, p.46.
47. Erling Dokk Holm, *Fra Gud til Gucci*, Oslo, 2004, p.18.
48. Para um levantamento desse tipo referente a jeans, ver Susan Auty e Richard Elliot, "Social identity and the meaning of fashion brands", *European Advances in Consumer Research*, vol.III, 1998.
49. Cf. Boyle, *Authenticity, Brands, Fakes, Spin and the Lust for Real Life*, p.28-9.
50. Certamente Bourdieu tem uma teoria das classes sociais diferente, mais complexa que as de Veblen ou Simmel (Cf. Bourdieu, *La distinction*), mas nem isto me parece mudar o ponto decisivo, a saber, que a teoria de Bourdieu está excessivamente ligada a uma perspectiva de classe do consumo para captar os aspectos mais centrais do chamado consumo pós-moderno.
51. Harvie Ferguson, "Watching the world go round: Atrium culture and the psychology of shopping", in Rob Shields (org.), *Lifestyle Shopping: The Subject of Consumption*, Londres, 1992, p.38.
52. Cf. Robert Bocock, *Consumption*, Londres, 1993, p.51.
53. Max Horkheimer e Theodor W. Adorno, *Dialectic of Enlightenment*, Londres, 1973, p.124-5. [Ed.bras.: *Dialética do esclarecimento*, Rio de Janeiro, Zahar, 2006.]
54. John Fiske, *Understanding Popular Culture*, Londres, 1989, p.37.
55. Muita coisa foi escrita sobre o papel do estilo em subculturas. Um clássico nessa área é Dick Hebdige, *Subculture: The Meaning of Style*, Londres, 1979, rev. 1988. Para um estudo mais atualizado e crítico de Hebdige em questões centrais, ver David Muggleton, *Inside Subculture: The Postmodern Meaning of Style*, Oxford, 2000.
56. Hebdige, *Subculture*, p.103.
57. Ibid., p.113s.
58. Quando lemos livros de administração inovadores dos últimos 15 anos – quer se intitulem *Funky Business*, *The Dream Society* ou *Corporate Religion* –, ficamos impressionados com o caráter conservador de seu conteúdo em termos de ideias. Velhos ideais contraculturais voltam a ser difundidos, com ênfase na inconvencionalidade, na autorrealização, na revolução etc. Uma diferença, é claro, é que esses livros são pró-

capitalistas, ao passo que ideias contraculturais anteriores tendiam ser o exato oposto. Mas o principal é que a contracultura clássica da nossa sociedade de consumo foi incorporada à cultura de consumo e se mantém ali como um importante fornecedor. Individualismo, liberdade pessoal, imaginação – tudo isso é mercadoria, mais que qualquer outra coisa.

59. Thomas Frank, "Why Johnny can't dissent', in Thomas Frank e Matt Weiland (orgs.), *Commodify your Dissent*, Nova York, 1997.
60. Ver, por exemplo, Joseph Heath, "The structure of hip consumerism", *Philosophy and Social Criticism*, vol.VI, 2001.
61. Don DeLillo, *Cosmopolis*, Nova York, 2003, p.104.
62. Hebdige, *Subculture*, p.114.
63. Ibid., p.98.
64. Cf. Zygmunt Bauman, "Consuming life", *Journal of Consumer Culture*, I/1, 2001, p.25. [Ed. bras.: *Vida para consumo*, Rio de Janeiro, Zahar, 2008.]
65. Cf. ibid., p.17.
66. Ibid., p.9.
67. Cf. Diana Crane, *Fashion and its Social Agendas: Class, Gender and Identity in Clothing*, Chicago, 2000, p.209.
68. Cf. Bauman, "Consuming life", p.12-3.
69. Neste sentido, a teoria do capitalismo clássico foi percebida como uma norma moral. Bernard Mandeville categorizou o consumo de luxo como um "vício privado", mas a seu ver ele contribuía para o bem público e como tal era uma virtude pública. Adam Smith, por outro lado, pensava que Mandeville era rigoroso demais em relação ao consumo de luxo, a seu ver inteiramente virtuoso, tanto de uma perspectiva privada quanto de uma perspectiva pública.
70. Adorno, "Om kategoriene statikk og dynamikk i sosiologien", in Kjell Eyvind Johansen e Nils Johan Ringdai (orgs.), *Essays i utvalg*, Oslo, 1976, p.97.
71. Baudrillard, *The Consumer Society*, p.74-5.
72. Ibid., p.78.
73. Cf. Bauman, "Consuming life", p.13.
74. Cf. Baudrillard, *The System af Objects*, p.204.
75. Aristóteles, *Ética a Nicômaco*, vol.I.
76. É inegavelmente difícil medir a felicidade. Podemos pelo menos afirmar que não há nenhuma conexão demonstrável entre o nível de renda das pessoas e sua satisfação com a vida. Ver Robert Lane, *The*

Market Experience, Cambridge, 1991, p.451-2 e 527-33 para um panorama de parte das pesquisas no campo.
77. Cf. Bauman, "Consuming life".
78. Cf. Zygmunt Bauman, *Postmodernity and its Discontents*, Cambridge, 1997, p.40. [Ed. bras.: *O mal-estar da pós-modernidade*, Rio de Janeiro, Zahar, 1998.]

8. A moda como um ideal na vida (p.158 a 178)

1. Bret Easton Ellis, *American Psycho*, Nova York, 1991.
2. William Shakespeare, *Hamlet*, Ato I, cena 3.
3. William Hazlitt, "On the clerical character", *Political Essays*, Londres, 1819.
4. Epiteto, *Discursos* (c.105 d.C.)
5. Para uma exposição de leitura muito agradável sobre a gênese do eu moderno, ver Charles Taylor, *Sources of the Self: The Making of Modern Identity*, Cambridge, MA, 1989.
6. Cf. Norbert Elias, *Über den Prozess der Zivilisation: Sosiogenetische und psychogenetische Untersuchungen*, vol.I, Frankfurt, 1997, p.51-2. [Ed. bras.: *O processo civilizador 1*, Rio de Janeiro, Zahar, 1994.]
7. Sobre o conceito de estilo de vida, ver David Chaney, *Lifestyles*, Londres, 1996, e Anthony Giddens, *Modernity and Self-Identity: Self and Identity in the Late Modern Age*, Cambridge, 1991, p.80-7. [Ed. bras.: *Modernidade e identidade*, Rio de Janeiro, Zahar, 2002.]
8. Anthony Giddens, *New Rules of Sociological Method*, Londres, 1976, p.114.
9. Giddens, *Modernity and Self-Identity*, p.5.
10. Giddens, *The Transformations of Intimacy*, Oxford, 1992, p.30.
11. Cf. Pierre Bourdieu, *Le sens pratique*, Paris, 1980; ed. ing.: *The Logic of Practice*, Cambridge, 1990, p.55-6.
12. "*Habitus*" é também uma tradução latina do grego "*hexis*", e Bourdieu se refere em vários lugares a "*hexis*". Para o conceito de "*hexis*" de Aristóteles, ver Aristóteles, *Ética a Nicômaco*, vol.II, caps.1, 5 e 6.
13. Podemos observar aqui que Hegel se refere a hábito como uma "segunda natureza", i.e., algo aprendido que foi tão fortemente internalizado que funciona como se fosse natural (G.W.F. Hegel, *Enzyklopädie der philosophischen Wissenschaften*, vol.I, Frankfurt, 1986, p.410).

14. Pierre Bourdieu, *La distinction: Critique sociale du jugement*, Paris, 1979; Cambridge, MA, 1984, p.466.
15. Pierre Bourdieu, *Outline of a Theory of Practice*, Cambridge, 1977, p.94.
16. Paul Sweetman, "Twenty-first century dis-ease? Habitual reflexivity or the reflexive habitus", *Sociological Review*, 2003, p.537. Ver também Nick Crossley, *The Social Body: Habit, Identity and Desire*, Londres, 2001, p.117-8, 137-8, 149-50 para uma defesa da ideia de que o *habitus* deve ser conciliável com a reflexividade.
17. "O princípio por trás das diferenças mais importantes quando se trata de estilo de vida, ou mais ainda quando se trata da 'estilização da vida', reside em diferenças na distância objetiva e subjetiva em relação ao mundo, em relação às coerções materiais e às exigências temporais do mundo." Bourdieu, *La distinction*, p.376.
18. Citado de Naomi Klein, *No Logo*, Londres, 2000, p.23.
19. Citado de Jennifer Craik, *The Face of Fashion: Cultural Studies in Fashion*, Londres, 1994, p.58.
20. Susan Sontag, *On Photography*, Harmondsworth, 1979, p.153.
21. Ibid., p.24.
22. Hal Foster, *The Return of the Real: The Avant Garde at the End of the Century*, Cambridge, MA, 1996, p.83.
23. Hannah Arendt, *The Human Condition*, Chicago e Londres, 1958, p.95-6.
24. Gilles Lipovetsky, *The Empire of Fashion: Dressing Modern Democracy*, org. Catherine Porter, Princeton, NJ, 1994, p.149.
25. Friedrich Nietzsche, *Kritische Studienausgabe, II: Die fröhliche Wissenschaft*, Munique, 1988, p.270, cf. p.335.
26. Ibid., p.290.
27. Ibid., p.107.
28. Michel Foucault, "On the genealogy of ethics", in *Essential Works of Michel Foucault, 1954-1984, vol.I: Ethics: Subjectivity and Truth*, Nova York, 1997, p.262.
29. Ver, por exemplo, Michel Foucault, *Discipline and Punish: The Birth of the Prison*, Harmondsworth, 1991.
30. Para o conceito de ascetismo ver, por exemplo, Michel Foucault, *The History of Sexuality, vol.II: The Use of Pleasure*, Harmondsworth, 1988.
31. Michel Foucault, "Interview with Michel Foucault", in *Essential Works of Michel Foucault, 1954-1984, vol.III: Power*, Nova York, 2000, p.241-2.
32. Michel Foucault, "Friendship as a way of life", in *Ethics: Subjectivity and Truth*, p.137-8.

33. Michel Foucault, "What is enlightenment?", in *Ethics: Subjectivity and Truth*.
34. Thomas Carlyle, *Sartor Resartus*, Boston, MA, 1836 [Oxford, 1987, p.207].
35. Oscar Wilde, "Phrases and philosophies for the use of the young", in *Complete Works of Oscar Wilde*, Londres, 1966, p.1206.
36. Citado de Elisabeth Wilson, *Adorned in Dreams: Fashion and Modernity*, 2ª ed., Londres, 2003, p.180.
37. Baudelaire, "The painter of modern life", p.9.
38. Cf. Dieter Baacke, "Wechselnde Moden: Stichwörter zur Aneignung eines Mediums durch die Jugend", in *Jugend und Mode: Kleidung als Selbstinzenierung*, Opladen, 1988, p.25.
39. Oscar Wilde, *De profundis*, in *Complete Works of Oscar Wilde*, Londres 1966, p.874, 896, 900, 916, 953.
40. Ibid., p.934.
41. Ibid., p.926.
42. Cf. ibid., p.916.
43. Taylor, *Sources of the Self*, p.14.
44. Ibid., p.16-23, 25-49.
45. Ibid., p.43.
46. Lipovetsky, *The Empire of Fashion*, p.149.
47. Holly Brubach, *A Dedicated Follower of Fashion*, Londres, 1999, p.15.
48. Ver, por exemplo, Douglas Kellner, "Madonna, fashion, and identity", in Shari Benstock e Suzanne Ferris (orgs.), *On Fashion*, New Brunswick, NJ, 1994.
49. Ver os ensaios sobre identidade pessoal e narrativa e o eu e identidade narrativa em Paul Ricoeur, *Eksistens og Hermeneutikk*, Oslo, 1999. Ver também Alasdair MacIntyre, *After Virtue*, Londres, 1981, 2/1984, em particular p.204-25, para uma perspectiva relacionada à de Ricoeur.
50. Esse eu é ameaçado não somente como um consumidor, mas também como um produtor. Richard Sennett sublinha que o trabalho no capitalismo pós-moderno cria uma experiência de tempo que solapa a capacidade do homem de fazer narrativas coesas sobre si mesmo (Richard Sennett, *The Corrosion of Character: The Personal Consequences of Work in the New Capitalism*, Nova York, 1988, p.31).
51. Søren Kierkegaard, *Enten-Eller. Anden Deel, Samlede Verker*, vol.III, Copenhague, 1962.
52. Ibid., p.184.
53. Kierkegaard, *Gentagelsen, Samlede Verker*, vol.III, Copenhague, 1962, p.131.

54. Virginia Woolf, *Orlando*, Londres, 1928, [Harmondsworth, 1990], p.108.
55. Colin McDowell (org.), *The Pimlico Companion to Fashion: A Literary Anthology*, Londres, 1998, p.407-8.
56. "Somos tão incapazes de escapar da moda quanto do tempo, porque a moda é a marca indelével de nossa temporalidade" (Mark C. Taylor, *Hiding*, Chicago, 1997, p.125).
57. Georg Simmel, *Gesamtausgabe, vol.X: Philosophie der Mode*, Frankfurt, 1989, p.20-1.
58. Lipovetsky, *The Empire of Fashion*, p.29.
59. Ibid., p.37.
60. Ibid., p.206.
61. Ibid., p.102s.
62. Martha C. Nussbaum, "Sex, virtue and the costumes of the middle class", *New Republic*, 2 jan 1995.
63. É preciso admitir que Lipovetsky não pinta exclusivamente um quadro róseo da moda. Ele afirma, por exemplo, que a moda "abranda conflitos sociais, mas aprofunda conflitos subjetivos e intersubjetivos". Lipovetsky, *The Empire of Fashion*, p.241.
64. Broch, *Hofmansthal og hans tid*, org. Sverre Dahl, Oslo, 1987, p.69.
65. Taylor, *Sources of the Self*, p.30, 34.
66. A formulação clássica da distinção entre liberdade negativa e positiva é dada por Isaiah Berlin em *Four Essays on Liberty*, Oxford, 1969.

9. Conclusão (p.179 a 182)

1. "Touch me", gravada em *Into the Light*, 2002.
2. Uma das causas importantes disto é o declínio do turismo em âmbito mundial (o que por sua vez se deve ao medo do terrorismo, do vírus da Sars etc.), visto que o turismo é responsável por um quarto das compras de artigos de luxo. Prada está lutando com uma dívida de vários milhões de dólares, Gucci está tendo prejuízo, Versace reduziu o número de suas lojas a menos da metade do que era e o valor da companhia diminuiu quase 40% desde 1997. Mas, embora várias das grandes *maisons* estejam enfrentando dificuldades, isso não significa que as pessoas tenham parado de comprar roupas, e esse é um mercado que recruta constantemente novos participantes. Na Noruega, o consumo de roupas cresceu 30% no decorrer dos anos 1990 (ver Erling Dokk Holm, *Fra Gud til Gucci*, Oslo, 2004).

3. *The Economist*, 4 mar 2004.
4. Baudelaire descreve uma exposição de arte de seu tempo como "cheia de confusão, uma mistura de estilos e cores, uma cacofonia de tons, enormes trivialidades, uma vulgaridade de gestos e atitudes, uma exclusividade convencional, toda sorte de clichês; e tudo isso se apresenta de maneira clara e vívida, não somente na combinação de quadros, mas até no mesmo quadro: em suma, uma completa ausência de algo unificante; e o resultado é extremamente cansativo para o espírito e os olhos". Baudelaire, *The Painter of Modern Life and Other Essays*, Londres, 1964. Esta poderia ter sido uma descrição relativamente sóbria da moda de hoje.
5. Georg Simmel, "Die Krisis der Kultur", in *Gesamtausgabe*, vol.XIII, Frankfurt, 1989, p.197.
6. Anne Hollander, *Seeing through Clothes*, Berkeley, CA, 1975, rev. 1993, p.345.
7. Malcolm McLaren, "Hyper-allergic", in Judith Watt (org.), *The Penguin Book of Twentieth-Century Fashion Writing*, Harmondsworth, 1999, p.222-3.
8. Em conclusão, podemos perguntar quem é esse "nós" que ocorre com tanta frequência no texto. "Nós" claramente não é todo mundo, mas consiste em mais do que um punhado de pessoas. "Nós" é uma entidade idealizada, uma generalização ou um tipo ideal, se você preferir, que dá uma imagem de um tipo de sujeito que emergiu no curso de um longo período de tempo, vários séculos, e que existe em número cada vez maior. É um sujeito dissociado de todas as tradições e que teria de construir uma identidade a partir dos tijolos que o mundo do capitalismo tardio pode oferecer, um mundo em que signos externos – inclusive na forma de nomes de marcas – são centrais. Contra isso, podemos objetar que "a maioria das pessoas" ainda não é assim, mas "a maioria das pessoas" não é o que costumava ser. Cada vez mais, "a maioria das pessoas" se torna semelhante a esse "nós" que se fez notar no texto – e um grande número de pesquisas sobre consumo corrobora uma afirmação como esta (ver, por exemplo, Capítulo 7, n.5 acima). É preciso admitir que "a maioria das pessoas" ainda não coincide completamente com "nós", mas há razões para se temer que um dia isso possa ocorrer.
9. Caroline Evans, *Fashion at the Edge: Spectacle, Modernity and Deathliness*, New Haven, CT, 2003, p.19.

Índice onomástico

Adorno, Theodor W., 18, 119, 124, 125, 146, 147, 154
Alaïa, Azzedine, 107
Altman, Robert, 88
Amis, Martin, 70
Arendt, Hannah, 165, 195
Argento, Dario, 116
Aristóteles, 155, 156
Armani, Giorgio, 107, 108
Avedon, Richard, 131

Balenciaga, Giacomo, 122
Barthes, Roland, 14, 25, 29, 33, 74-6, 79, 98, 131, 145
Baudelaire, Charles, 28, 89, 90, 167, 168
Baudrillard, Jean, 31, 85, 94, 118, 138, 140, 154, 180
Bauman, Zygmunt, 129, 155
Beckett, Samuel, 156
Beecroft, Vanessa, 107
Benjamin, Walter, 10, 18, 35, 38, 114, 117
Blahnik, Manolo, 38
Bloomer, Amelia, 98
Blumer, Herbert, 61, 62
Borges, Jorge Luis, 44
Boss, Hugo, 107, 149
Bourdieu, Pierre, 20, 52-62, 106, 137, 144, 161-3, 184, 192
Bourdin, Guy, 118
Braque, Georges, 108
Broch, Hermann, 79, 177
Brubach, Holly, 171, 188
Brummell, Beau, 50, 167, 168
Burroughs, William S., 149

Campbell, Colin, 130, 131-2
Cardin, Pierre86, 142, 164
Carlos VII, 9

Carlyle, Thomas, 9, 19, 20, 90, 167
Cartier, 107
Castells, Manuel, 128
Certeau, Michel de, 133
Chalayan, Hussein, 104
Chapman, Jake e Dino (irmãos), 112
Chanel, Coco, 51, 106, 108, 109, 116, 142
Chloé, 191
Cixous, Hélène, 21
Cocteau, Jean, 106
Comme des Garçons, 104, 105, 107, 111, 113, 143
Crane, Diana, 80

Dalí, Salvador, 109
Danto, Arthur, 187
Darwin, Charles, 201-2 n.20
Davis, Fred, 73
Debord, Guy, 139
Delaunay, Sonia, 109
DeLillo, Don, 148
Depeche Mode, 39
Diaghilev, Serge, 106
Diesel, 164, 187
Dior, Christian, 32, 81, 141
Dolce & Gabbana, 38, 145
Douglas, Mary, 129, 130

Easton Ellis, Bret, 9, 84, 127, 158, 178
Elias, Norbert, 88
Emin, Tracey, 107
Epiteto, 158
Ernst, Max, 125
Evans, Caroline, 182

Fendi, 38
Ferguson, Harvie, 145
Ferrel, Will, 116
Fichte, Johann Gottlieb, 161

Fiske, John, 147
Flöge, Emilie, 109
Foster, Hal, 165
Foucault, Michel, 166, 167
Frank, Thomas, 148
Furstenberg, Diane von, 38

Gadamer, Hans-Georg, 17, 18
Gagosion, Larry, 185
Galliano, John, 81, 112
Gap, 31, 149
Gaultier, Jean Paul, 49, 65, 93, 103, 110
Gehry, Frank, 107
Giddens, Anthony, 94, 161, 162
Givenchy, 115
Gladstone, Barbara, 185
Goldin, Nan, 107
Goncharova, Natalia, 109
Greenberg, Clement, 121
Groys, Boris, 30, 37
Gucci, 107, 142

Hamnett, Katherine, 110
Haring, Keith, 110
Hazlitt, William, 158
Hebdige, Dick, 147, 149
Hegel, G.W.F., 18, 86, 161
Helly Hansen, 146
Hobsbawm, Eric, 62
Hollander, Anne, 13, 47, 48, 80, 86, 119, 180
Holm, Erling Dokk, 141
Holzer, Jenny, 107, 110
Horkheimer, Max, 146, 147
Huysmans, Joris-Karl, 168

Isherwood, Baron, 129, 130

Jack, Fiona, 144, 149
Jacobs, Marc, 191
Jameson, Frederic, 134

Kant, Immanuel, 12, 13, 17-19, 27, 28, 43, 44, 58, 119, 146
Kawakubo, Rei, 65, 101, 104, 105, 111, 113, 193
Kerouac, Jack, 149

Khan, Nathalie, 120
Kierkegaard, Søren, 173
Kim, Sung Bok, 122
Klein, Calvin, 107
Klimt, Gustav, 109
Koda, Harold, 93
Kraus, Karl, 91
Krauss, Rosalind, 29
Kruger, Barbara, 110
Kundera, Milan, 33

la Renta, Oscar de, 164
Lacoste, 143
Lacroix, Christian, 116, 117, 127, 133
Lagerfeld, Karl, 51
Lang, Helmut, 103, 107
La Rochefoucauld, 58
Lasn, Kalle, 132
Laver, James, 204 n.6, 207 n.40
Léger, Fernand, 108
Leopardi, Giacomo, 136
Lichtenstein, Roy, 109
Lipovetsky, Gilles, 13, 18, 67, 69, 130, 165, 171, 176-8, 180
Loos, Adolf, 27
Lurie, Alison, 71-73

Madonna, 171
Magritte, René, 86
Mallarmé, Stéphane, 28
Mandeville, Bernard, 315 n.69
Margiela, Martin, 35, 38, 104, 105, 111, 120, 193
Marx, Karl, 135
Matalan, 51, 58, 138
Matisse, Henri, 109
Matsuda, Mitsuhiro, 107
McDowell, Colin, 185, 188
McInerney, Jay, 21
McLaren, Malcolm, 181
McQueen, Alexander, 114, 115, 123
Menkes, Suzy, 119, 120, 188
Miller, Daniel, 128
Miyake, Issey, 102, 105, 107, 111, 145
Mondino, Jean-Baptiste, 118
Mondrian, Piet, 109

Índice onomástico

Montaigne, Michel de, 152
Montesquieu, Robert de, 168
More, Thomas, 37
Moss, Kate, 95, 112
Muggleton, David, 82
Mugler, Thierry, 90, 112
Musil, Robert, 90

Nadar, Felix, 103
Newton, Helmut, 118
Nietzsche, Friedrich, 18, 25, 165
Nike, 149
Nootens, Dries van, 191
Novalis, 13
Nussbaum, Martha, 176

Orlan, 92
Orwell, George, 175
Owens, Rick, 191

Packard, Vance, 133
Patou, Jean, 112
Perniola, Mario, 89
Perry, Fred, 65
Pet Shop Boys, 102
Picasso, Pablo, 106, 109, 124
Platão, 19
Poiret, Paul, 102, 103, 106, 112, 133, 140, 142
Pound, Ezra, 22
Prada, 38, 58, 107, 127, 140, 177

Quinn, Marc, 112

Ray, Man, 107
Rhodes, Zandra, 120
Ricoeur, Paul, 171, 172
Rimbaud, Arthur, 26
Rodchenko, Alexander, 109
Rosso, Renzo, 164
Rothko, Mark, 30
Rousseau, Jean-Jacques, 98
Rubens, Peter Paul, 95
Rykiel, Sonia, 155

Saint-Laurent, Yves, 48-51, 107, 109, 116
Sander, Jill, 140
Saussure, Ferdinand de, 75
Schiaparelli, Elsa, 86, 109, 122, 142
Schlegel, Friedrich, 131
Schlemmer, Oscar, 109
Schnabel, Julian, 107
Sennett, Richard, 218 n.50
Serra, Richard, 107
Shakespeare, 158
Sherman, Cindy, 107, 110
Shields, Rob, 134
Simmel, George, 13, 17-20, 45-47, 52-54, 62, 86, 90, 130, 135-7, 144, 150, 164, 175, 176, 180, 181
Smith, Adam, 12, 18, 42, 43
Smith, Paul, 67, 138, 175
Sontag, Susan, 165
Spencer, Herbert, 43, 44
Spook, Per, 191
Steele, Richard, 39
Steele, Valerie, 93
Stiller, Ben, 116
Stravinsky, Igor, 106
Sweetman, Paul, 162

Tarde, Gabriel de, 46
Taylor, Charles, 18, 169, 170
The Clash, 127

Valéry, Paul, 29
Vattimo, Gianni, 26
Veblen, Thorstein, 20, 44, 45, 47, 51-5, 62, 144, 145
Versace, Gianni, 51, 107

Warhol, Andy, 22, 36, 54, 84, 109
Weeping Willows, 179
Westwood, Vivienne, 38, 86, 107
Wilde, Oscar, 123, 157, 167, 168
Wilson, Elisabeth, 14
Wittgenstein, Ludwig, 15
Woolf, Virginia, 174
Worth, Charles Frederick, 102, 103, 113, 140, 142, 179

1ª EDIÇÃO [2010] 6 reimpressões

ESTA OBRA FOI COMPOSTA POR MARI TABOADA EM DANTE PRO E IMPRESSA
EM OFSETE PELA GRÁFICA PAYM SOBRE PAPEL PÓLEN SOFT DA
SUZANO S.A. PARA A EDITORA SCHWARCZ EM JUNHO DE 2021

A marca FSC® é a garantia de que a madeira utilizada na fabricação do papel deste livro provém de florestas que foram gerenciadas de maneira ambientalmente correta, socialmente justa e economicamente viável, além de outras fontes de origem controlada.